U0694967

丛书编委会

大家精要

陈 寿

潘晓玲 著

陕西师范大学出版总社

图书代号 SK16N1020

图书在版编目（CIP）数据

陈寿 / 潘晓玲著. —西安：陕西师范大学出版总社
有限公司，2017.1（2024.1重印）
（大家精要）
ISBN 978-7-5613-5008-9

Ⅰ.①陈… Ⅱ.①潘… Ⅲ.①陈寿（233—297）—
传记 Ⅳ.①K825.81

中国版本图书馆CIP数据核字（2016）第307713号

陈　寿　CHEN SHOU

潘晓玲　著

责任编辑	王西莹　彭　燕	
责任校对	王淑燕	
特约编辑	石慧敏	
封面设计	张潇伊	
出版发行	陕西师范大学出版总社	
	（西安市长安南路199号　邮编710062）	
网　　址	http://www.snupg.com	
印　　制	永清县晔盛亚胶印有限公司	
开　　本	650 mm × 930 mm　1/16	
印　　张	10	
字　　数	100千	
版　　次	2017年1月第1版	
印　　次	2024年1月第2次印刷	
书　　号	ISBN 978-7-5613-5008-9	
定　　价	45.00元	

读者购书、书店添货或发现印刷装订问题，请与本公司销售部联系、调换。

电话：（029）85303879　　传真：（029）85307864　85303629

目　录

附录

第 1 章

陈寿与《三国志》

一、陈寿生平

陈寿，一名长寿，字承祚，巴西郡安汉（今四川南充市）人。蜀汉后主建兴十一年（233）生，西晋惠帝元康七年（297）卒，享年六十五岁。他出仕蜀汉、西晋两朝，虽在政治上坎坷蹉跎，颇不得志，但勤于治学，著述丰富，在史学史上留下了《三国志》这部彪炳千秋的不朽名著。

出身著姓

蜀汉后主建兴十一年，陈寿出生于巴西郡安汉县。

安汉至今已有两千二百多年的历史。秦朝时，安汉尚属阆中县（今阆中市）。秦朝末年，天下大乱，群雄角力，逐鹿中原。项羽和刘邦逐渐成为势力最为强大的力量，经常发生战争。在一次交战中，刘邦被项羽的军队围困在荥阳城内，内乏粮草，外无救兵，情况十分危急。刘邦的军队里有个叫纪信的将领，是阆中县扶龙村（今属西充县）人，跟刘邦长得很相像，在这时他挺身而出，假扮刘邦从东门出降，好让刘邦寻机脱险。项羽的部下看到纪信出降，以为是刘邦，全军欢呼雀跃，都拥到东门看热闹，防备也随之松懈。刘邦趁乱带着随从从西门逃出围城，保全了性命。项羽见到纪信，认出是冒牌货，就问刘邦在哪里。纪信说已出城走远了，项羽大怒，下令将其活活烧死。纪信被烈火焚身时，还大骂项羽弑义帝、杀忠臣，绝无好下场。刘邦成为皇帝之后，为了报答纪信的救命之恩，就将阆中县的一部分划为安汉县。也因如此，安汉自古以来被视为"忠义之邦"。

安汉还是文化之邦。绵长不绝的嘉陵江水流淌在这片美丽富饶的土地上，孕育了无数的文人墨客，享誉四方，可谓人杰地灵。陈姓是安汉的大户，在两汉时期，这个家族曾经出过许多在政治、文学等方面都很有影响的人物，如司隶校尉陈禅、汉中太守陈澄、州别驾从事陈实、巴郡文学掾陈禧、上古太守陈宏以及享誉学界的名儒陈髦等等，在当地都颇有名望。陈寿就出生在这样一个大家族中。家人对陈寿寄予了厚望，祈盼他能够健康成长、光宗耀祖，因而给他起名为寿，一名长寿，字承祚。祚，是福气、赐福的意思。

陈寿出生时，距离蜀汉先主刘备白帝城托孤已整整十年，三国争霸已进入尾声。三国鼎立时期兵戈不息，战争的阴云始终笼罩着天下。这种无休止的战争自然也会波及陈寿的家族，他的父亲就是其中的不幸者，战争给他留下了抹不去的伤痕与烙印。

为了谋得一个更好的前程，陈寿的父亲很早就离开家乡，投身军旅。靠着自己的不懈努力，他一步步得到升迁，成为当时蜀汉高级统兵将领马谡的参军，深受信任。

马谡在当时颇有声名，他的哥哥是荆襄名士马良，马氏一门五兄弟都才华出众，被时人称为"马氏五常"。刘备入川时，马谡跟随大军同行，曾任绵竹令、成都令、越嶲太守等职务。他才华横溢，又熟读兵书，深受诸葛亮的器重与信任。而他也经常给诸葛亮出谋划策，并取得了一定的效果。如蜀汉建兴三年（225）三月，诸葛亮率兵征讨屡次叛乱的南中诸郡。临行前，他问马谡有没有好的建议，马谡认为，南中地区倚仗其险峻的地理形势，很久以来就不归顺朝廷，当地民族情况也十分复杂，即使暂时凭武力降服他们，过不了多久仍然会反叛。当时诸葛亮正准备尽全力北伐曹魏，如果让他们知道这个情况，就会加速他们的反叛。如果出于免除后患的考虑，对他们实行杀戮政策，又不是仁者的行为。于是建议说："用兵的道理，应该以攻心为上，攻城为下；心战为上，兵战为下。希望丞相不要专用武力，要注意征服他们的心。"诸葛亮听了马谡的建议后非常高兴，予以采纳。因为这与他平素主张的对少数民族的政策相合，即采用温和的怀柔政策，而不专凭武力的强压。这次南征，除杀掉高定、朱褒等几个率先反抗的首领以外，对其他的少数民族与汉族上层分子能够降服的都尽量收用。诸葛亮能够顺利平定南中诸郡，马谡功不可没。但他同时又夸夸其谈，才过其用。刘备对此深以为忧，临终前对诸葛亮说："马谡这个人言过其实，不能加以重用，你要慎重考虑啊！"但一向谨慎的诸葛亮这次却不以为然，仍然对马谡信任有加，经常与他通宵达旦地谈论军国大事，遇到重大或疑难之事也时常咨询他的意见。

建兴六年春，诸葛亮率兵北伐曹魏。很多人都建议任用旧将魏延、吴懿等为先锋，但诸葛亮坚持已见，任命马谡为先锋统帅，派他坚守军事要地街亭（今甘肃秦安东北），陈寿的父亲也随军出征。诸葛亮让马谡坚守街亭是经过深思熟虑的，他深知，街亭的地理位置极为重要，一旦失守，整个战争局势就会全部转变。魏明帝曹叡对诸葛亮这次出征极为重视，他御驾亲征，西镇长安，派大将张郃抵抗蜀军，一场大战已迫在眉睫。但诸葛亮万万没有想到的是，他极为信任的马谡自恃熟读兵书，既不遵循他事先的部署，也不听从副将王平的劝阻，所采取的措施都迂阔而繁乱。他弃险不守，远离水源，把部队带到南山上，想凭高作战，犯了兵家大忌。王平无奈之下，只得带少数兵马在离山头不远的地方安营，以备不测。久经沙场的张郃自然不会放过这样有利的军事机会，立即命魏军切断山下的水源，将山头层层包围。王平数次冲突救援，均被魏军杀回。几天下来，蜀军饥渴难忍，阵脚大乱。身为统帅的马谡在此时心神大乱，指挥失措，蜀军在魏军猛烈的攻势下，溃不成军。马谡弃军逃回汉中，街亭落入魏军手中，这就是有名的"失街亭"。

得知街亭失守，诸葛亮极为震惊与痛心，但为了严明军纪，还是将马谡投入大狱，按军法处以斩刑。另外还处罚了一批参加这次作战的将军，如李盛、张休等人被诛杀，黄袭的兵权被夺。陈寿的父亲作为马谡的参军，也受到牵连，虽然免于一死，但被施以髡刑的处罚。髡刑，就是剃去头发的一种刑罚。这在"身体发肤，受之父母，不敢毁伤"的时代，是种污辱性的处罚，在心理上造成的伤痛甚于肉体的损伤。带着满腔的悲愤与不得志，陈寿的父亲黯然离开军营，回到安汉，让家乡的水土抚慰自己饱经沧桑、历经风尘的身心。几年之后，他结婚生子，得了陈寿。他将全部希望都寄托在了陈寿的身上，希望他能够成才，一洗自己的耻辱。

求学之路

（1）读书万卷楼——史学志趣的萌芽

陈寿两岁时，一代名相诸葛亮于北伐途中命丧五丈原。诸葛亮把一生都献给了刘备父子，为了报答刘备的知遇之恩，他鞠躬尽瘁，死而后已，尽心辅佐后主。为了实现刘备遗志，他六出祁山，北伐曹魏，虽然没有成功，但依然给魏国造成了极大的压力。蜀汉在诸葛亮的治理下，政治清明，社会安定。诸葛亮去世之后，相继执政的是大将军蒋琬和费祎。他们都是诸葛亮生前尽心培养的接班人，基本继承了诸葛亮的执政方针和治民策略，没有什么大的过失，因而蜀汉政治尚算清明，社会也较为安定、和谐。这给陈寿的成长和求学提供了一个良好的环境。

陈寿从小受到的家庭教育非常严格。他的父母很重视子女的教育问题，为了使子女有一个良好的读书环境，他们不惜花费巨资修建了"万卷楼"作为子女的读书之所，并延请当地名儒担任塾师传授学业。万卷楼环境清幽，有古木奇花，茂林修竹，成为远离尘世喧嚣、战火纷争的一方净土。在万卷楼中，陈寿刻苦攻读，度过了他的青少年时期。他父亲勤于督促，对他的学业丝毫不敢懈怠。在南充民间，曾流传着陈寿父亲教子的故事。南充市重修万卷楼时，在陈寿的故居中出土了一块汉砖，经仔细辨认，确定是教子图，这使得陈寿父亲的形象更加清晰起来。

而陈寿也不负众望，表现得不同凡响。他聪慧好学，从小就对历史著作表现出了特别的兴趣。在万卷楼读书期间，他通读了最为古老的《尚书》和《春秋》三传（《春秋左氏传》《春秋公羊传》《春秋穀梁传》），精心研习了西汉司马迁的《史记》和东汉班固的《汉书》。这些书都是史学名著，其中《春秋左氏传》是编年体史书的范例，《史记》和《汉书》是纪传体史书的典型。在研读这些著作时，陈寿熟悉了撰史的体例，懂得了写作史书的方法。陈寿后来撰写《三国志》时，对这些经典文献的体裁、体例等方面，都有所遵循。

随着时间的流逝，万卷楼逐渐湮没在历史的尘埃中。唐人为了纪念陈寿，以万卷楼为主体扩建了甘露寺。明代大学士陈以勤、清光绪本邑绅士孙永成、民国时期南充县（今南充市）知事李良俊等人也先后拨款培修万卷楼。在战乱频繁的民国时期，这个文化圣地曾被当成兵营马厩，名胜被毁，风景俱败。为了弘扬传统文化，纪念陈寿这位本邦史学家，本不富裕的南充市政府于 1992 年专门拨款重修万卷楼。如今，万卷楼已经成为著名的旅游景点，吸引着八方来客。

（2）受业于谯周——史学志趣的树立

由于学业优异，表现出色，大约在十八岁时，陈寿被选拔进入蜀汉的太学深造。他离开故里，来到当时蜀汉的首都成都，受业于硕儒谯周门下。在谯周的精心指导下，陈寿的学业日益精进，史学志趣得以树立，学术视野更为开阔，为以后的写史生涯打下了良好的基础。

谯周其人。作为三国后期的重要人物，谯周或许不被今人所熟知，但在当时极负盛名，是蜀中大儒。谯周，字允南，巴西郡西充国（今四川阆中西南）人，汉献帝建安五年（200）生于著名的书香人家。他的父亲谯岍，是当时的著名学者，研治《尚书》颇有心得，还兼通诸经和图纬之学（图纬，是指两汉时期宣扬神学的图谶和纬书。"谶"是巫师或方士制作的一种隐语或预言，作为吉凶的符验或征兆，又名"符谶""符命"，有的有图有字，名"图谶"。"纬"对"经"而言，是方士化的儒生编集起来附会儒家经典的各种著作。大体以古代河图、洛书的神话传说和西汉董仲舒的天人感应说为理论依据，把自然界某些偶然现象神秘化，看作社会安危的决定原因，为封建统治说教），学识渊博，节操高尚。谯周很小的时候父亲就去世了，只剩他跟母亲、兄长相依为命。他自幼勤奋刻苦，不以贫困坎坷为意，对传统文化里的"六经"（《诗经》《尚书》《周礼》《乐经》《周易》《春秋》）特别感兴趣，经过多年的潜心苦读，终于成为名重一时的饱学之士。后主建兴中期（223~237），诸葛亮任命谯周为劝学从事，后来大将军蒋琬又任命他为典学从事。劝学从事与典学从事都是学官，主管蜀汉的教育事业。后主立太子之后，谯周被任命为太子家令，辅佐太子。后主刘禅平庸无能，喜欢纵情声色，四处游玩。谯周对此深感忧虑，曾上书劝谏后主，认为作为蜀汉之君，后主应该以德治国，约束自身行为，这样才能赢得国人的拥戴。谯周此举深为时人所赞赏。

但谯周也是一个有争议的人物，最为人诟病的是劝后主降魏一事。

蜀汉炎兴元年（263），魏国大将钟会、邓艾率大军分几路攻蜀，没过多久便深入蜀地，直逼成都，国势十分危急。朝廷上下惊慌失措，不知计之所出。刘禅召集群臣商议，有人提出蜀吴盟国友好，可以投奔，有的主张奔往南方四郡。只有谯周力排众议，主张降魏，他说："自古以来，没有寄居在别的国家而仍能够做天子的人，现在假如投奔吴国，肯定要降服称臣。而且为政之道没有例外，就是强大的吞灭弱小的，这道理是自然的。依目前的形势看来，魏国能够吞并吴国，而吴国不能吞并魏国是很明显的。向小国称臣，哪如去做大国的臣子呢？两次蒙受耻辱，哪如蒙受一次耻辱呢？”有人问：“现在邓艾率领的魏军已经离成都不远了，如果他不接受投降而执意攻打，怎么办呢？”谯周分析情况说：“现在东吴还没有投降，对魏国来说仍然是一个威胁。事情的形势使魏国不得不接受我们的投降，接受我们的投降后，不得不礼待我们。如果降魏后魏国不封陛下为王，我愿冒险去魏国说理，用古代的道义去争辩此事。”这番话入情入理，众人都没有话说了。但刘禅仍然犹豫不决，想要到南中去避难。谯周给他分析情况说：“南中诸郡是远方夷族的地区，平常没有向朝廷进贡或效力，尚且多次反叛。后来丞相诸葛亮南征，以军队的威力逼迫他们，他们走投无路了才勉强归顺。从此以后他们才向朝廷缴纳赋税，但一直心存怨恨。现在朝廷走投无路了前去投奔，他们对外要抵御敌军，对内要供给朝廷的衣服车马等用品，所需费用会扩大，要从各夷族部落征收的东西也会增多，这会使他们更快地反叛啊！”这番道理，鞭辟入里，比之其他大臣来，少了几分情绪，多了一些冷静，因而刘禅反复斟酌后，最终采纳了谯周的建议，向邓艾投降。蜀地由此避免了一场恶战，一方安宁被保全。“这样既能够保证后主刘禅不至于身败名裂，又能使蜀地的老百姓不至于生灵涂炭。”陈寿在《三国志》中是如此评价他的老师的。

然而，在“忠义”为本的封建社会中，谯周此举被视为是违背了“忠义”之道。按封建伦理纲常，做臣子的应该“忠”，必要时杀身以成仁，方能流芳千古。谯周却劝自己的主子投降，这是绝对不可原谅的。因此在后世正统史家笔下，谯周落下了千古骂名，他的诸多经、史著作也因此受到牵连，多有散佚。

但谯周此举，虽不见容于当世，却流芳于后代。他力主降魏的建议，既顺应了大一统的历史趋势，又使蜀地百姓免遭兵火蹂躏，实是一件功德无量的事。而且，他力主降魏也并非因为贪图高官厚禄，蜀亡后，他就数次拒绝了魏主给他的封赏。西晋代魏后，朝廷多次征召，他以年老体弱，拒不赴任。七年后，谯周在家乡于纷扰中离开了人世，誓死不肯穿皇帝赐给他的寿衣。其中的是非曲直，只能任由后世评说了。相比同代人，陈寿对他的这位老师有着更深的了解，对他的举动表示了赞同。

陈寿史学志趣的树立。谯周精通历史，在史料搜集、史书撰写、史事评论等方面颇具心得，著述很多，尤以专纠《史记》之谬的《古史考》闻名于世，其他还有《三巴记》《巴蜀异物志》《益州志》《蜀本纪》《后汉纪》以及《谏后汉疏》《仇国论》等。陈寿受学于谯周，在史学方面受其影响较大。在谯周的熏陶和教育下，陈寿成绩斐然，学识更加渊博，学术视野更为开阔。

从对史籍的学习中，陈寿学到了从编写地方人物史志着手的治史方法。前辈史家如司马迁、班固、谯周等人，他们不仅"读万卷书"，掌握了丰富的人文历史知识，还"行万里路"，注重调查考核，收集资料，撰写地方和个人史事资料专书。这不仅是撰写史书积累史料的需要，也是驾驭运用史料的有益尝试和必要锻炼。如司马迁从二十岁起，就遍游名山大川，采集各地的民俗风情和遗闻轶事，掌握了大量有关楚汉相争以及汉初的历史资料，最终写成《淮阴侯列传》《孟尝君列传》等著名篇章。而谯周也曾用了多年时间搜集蜀地人物资料，写成《蜀本记》《益州志》《三巴志》《巴蜀异物志》等地方史志资料专书。以乡邦人士身份撰写本地疆域、物产、人物、风俗民情等方面的专书，不但资料翔实可信，而且稍加综合，便可大体构成以后郡国史志的雏形。陈寿学到了这种治史方法，并把它运用到了实践中。他写史书时，也先从地方志做起。如他担任西晋朝廷的著作郎时曾编写了《益部耆旧传》十篇，记述四川地区历史人物共二百八十四人，为后来撰写《三国志·蜀书》提供了资料。晋武帝太康元年（280），他还编撰了《汉名臣奏事》三十卷、《魏名臣奏事》四十卷及《目》一卷。这些写作经历使他掌握了驾驭和处理浩繁复杂的史料的方法，为撰写《三国志》积累了丰富而翔实的资料。

在学习过程中，陈寿除了熟练地掌握了史学知识、治史方法外，更重要的是学到了求实求真、秉笔直书的治史原则。据说在一个寒风呼啸的隆冬之夜，他秉烛夜读，读到兴起，突然往桌子上猛拍一掌，老师惊问何故。陈寿回答说，刚才读《史记》，深深地佩服司马迁的学识和人品，今后一定要以他为楷模，写出一部流传千古的史书。古代史官的优良传统、谯周严谨的治学精神对陈寿产生了潜移默化的影响。

陈寿致力于史学，除了个人的兴趣与老师谯周的影响之外，也与巴蜀特有的史学氛围密不可分。蜀地的史学自西汉以来就特别发达，三国时期仍人才辈出，如蜀郡的郑伯邑、太尉赵彦信、汉中陈申伯、祝元灵、广汉王文表等等，都是博学多识、名重一时的学者。乡贤的活动与成就对陈寿有着不小的激励。

因为学业优异，表现突出，陈寿被视为谯周的高足，时人把他和文立、李虔、罗宪并列为谯门四大弟子，将文立比作颜回；陈寿、李虔比作子游、子夏；罗宪比作子贡。子游、子夏是孔子的学生，以熟悉《诗经》《尚书》《周易》等古代文献而被孔子夸奖。孔子曾评价他的学生说："德行，颜渊、闵子骞、冉伯牛、仲弓。言语，宰我、子贡。政事，冉有、季路。文学，子游、子夏。"文学，是指古代文献典籍和历史著作文献。陈寿不仅熟悉古代文献典籍和历史著作，写文章也很有文采，观点深刻敏锐，被称赞为"聪警敏识，属文富艳"。陈寿和罗宪一直保持着比较密切的联系，他在入晋后能够被重新起用，在很大程度上得益于罗宪的大力推荐。

蜀汉的仕宦生活

学而优则仕，这是古代读书人的一条必经之路。陈寿完成学业之后，开始步入仕途。

陈寿才识过人，抱负宏伟，但性格耿介，不愿曲意附和。谯周非常了解自己的学生，他既赏识陈寿的才学，又为他的性格深深地忧虑。他曾经对陈寿说，以你的学识，将来肯定能够作出一番成就，扬名天下。但你的性格过于耿直，不够圆滑，如果不加以改变的话，那么在你的人生道路上，估计会有很多的不幸与挫折啊，这是免不了的事实，你应该谨慎行事才对。陈寿后来的遭遇果真为谯周所言中，但他并不因此而随波逐流，总是坚持自己的原则，在大是大非面前，从不含糊。

在蜀汉政权内，陈寿先是担任卫将军（属第二品，位次于三司）姜维的主簿，典领文书，办理日常事务。后来，又先后调任东观（蜀汉的中央图书馆）任秘书郎、侍从皇帝传达诏命的显职黄门侍郎和散骑侍郎等职务。但生不逢时，当时的蜀汉政治已经处于混乱黑暗的状态中了。

后主刘禅昏庸无能，没有雄心大志，苟安于西南一隅而自为得志。陈寿在《三国志》中给他的评价是："任贤相则为循理之君，惑阉竖则为昏暗之后。"意思是说，如果能任用贤明的丞相，就是遵循事理的国君；如果被宦官小人迷惑，就成为昏乱不明的帝王。诸葛亮在世时，尽心辅佐，他尚能勤于政事。诸葛亮去世后，蒋琬与费祎先后执政，董允辅政，他们三人都是诸葛亮精心挑选与培植的辅政大臣，对刘禅能够尽心辅佐规正。当时宦官黄皓已经开始得宠，但因为有这几位大臣在，还能维持局面。如董允为人忠心正直，对后主经常扶正，对黄皓则多加责备。黄皓心怀畏惧，还不敢为非作歹。终董允之世，黄皓的职位也没有超过黄门丞（黄门令之副）。等到蒋琬、费祎、董允等人先后去世，没有人再能够加以约束，刘禅开始重用黄皓，纵情声色，整日沉醉于声色犬马之中，不理国政。黄皓则树党结派，把持国事，政治趋于混乱，国力日衰。强兵时常压境，蜀汉已经到了危急存亡之秋。

黄皓操纵大权后，朝中大臣为了保住自己的地位，长享荣华富贵，大都对黄皓曲意奉承。陈寿虽然官职不高，但他洁身自好，拒绝同流合污。在当时的形势下，像姜维以大将军之权势尚且被黄皓排挤，何况只是担任散骑侍郎或黄门侍郎的陈寿呢？因为不迎合黄皓，陈寿备遭压制，多次被免职。

所谓"福无双至，祸不单行"，不幸的事情总是接踵而来。后主景耀初年（258），正值陈寿在仕途上屡遇挫折之时，与他感情极深的父亲又不幸病逝。这对陈寿来说，无异于晴天霹霁，他匆匆从成都赶回老家。在丧期里，身为长子的他要为父亲操办丧事，还要应酬亲戚间的吊丧往来，事务琐碎繁多，巨大的哀痛与繁重的操劳使他很快就病倒了。为了尽快好转，他让婢女调制丸药服用。这恰好被来访的客人碰见，结果引起了一场轩然大波，陈寿由此陷入了"清议"的旋涡。在今人看来，生病吃药再寻常不过，但在当时，丧期服药却被认为是违背了孝道的根蒂。"孝"在中国古代是十分重要的道德标准之一，按照古礼，父母去世，做子女的要守孝三年，作为对父母的报答。守孝期间，不能行婚嫁之事，不能参加吉庆典礼，不能外出做官应酬，也不能住在家里，而要在父母坟前搭个小棚子，"晓苫枕砖"，即睡草席，枕砖块。在生活方面也有着严苛的要求，要粗茶淡饭，不喝酒，不听丝弦音乐，不洗澡、不剃头、不更衣等等。在古人看来，如果能够做到这些，才是对父母孝心的最好体现。即使病了，也不能吃药，更不能让婢女喂自己丸药。陈寿此举，被认为违背了为父母守孝的禁忌，也触犯了"男女授受不亲"的清规戒律，在世俗眼里，这是不可原谅的，他因此受到乡人的耻笑与奚落。

三年守孝期满，按照惯例，官员就可以官复原职，重归仕途了。但陈寿却因为"丸药"事件而备受贬议，没有被起用。怀着满腔的不得志，他留在了故乡，潜心读书，以忘掉这令人沮丧的一切。

入仕西晋　史著流芳

（1）风云变幻　身份迭更

"山中方一日，世上已千年。"在陈寿闲居故乡的几年间，外面的世界发生了天翻地覆的变化。先是曹魏灭蜀，后是西晋代魏，陈寿的身份也随之多次变更。这种变更给他的心灵造成了极大的震荡，也促使他潜心思索，从时代的变迁中找寻历史发展的规律。

蜀汉统治的后期，君昏臣暗，政治腐败，混乱不堪，而曹魏方面的司马氏势力却蒸蒸日上。蜀、吴都已经无力与魏抗衡。后主炎兴元年（263，魏元帝曹奂景元四年），魏将钟会、邓艾率大军分两路攻蜀。不过数月，魏军便深入蜀地，各地相继失守，蜀国国势危如累卵。在老师谯周的建议下，后主刘禅向邓艾投降。邓艾率兵到达成都城北，后主率太子诸王及群臣六十余人，面缚舆榇（面缚：反绑着手面向胜利者，表示放弃抵抗；舆榇：把棺材装在车上。表示不再抵抗，自请受刑。这是古代君主战败投降的仪式），到邓艾的军门去投降。邓艾拿着符节解掉刘禅的绳索，烧掉棺材，接受了投降。至此，蜀汉灭亡，三国鼎立的格局被打破。这一年，陈寿三十一岁。

蜀汉在归入魏国两年后，司马昭之子司马炎逼迫魏元帝曹奂禅让，即位为帝，国号晋，改这年为泰始元年（265），这就是历史上的西晋，汉魏禅让故事再次上演。

之前，司马懿、司马昭已为司马氏家族的夺位一步步铺平了道路。魏国的大权早已经掌握在司马氏的手中，他们镇压反对派的各种反抗活动，先后诛杀辅政大臣曹爽一族、废黜齐王曹芳、弑杀高贵乡公曹髦，威权大盛。司马昭掌权时，百官任用，都由他来定。高贵乡公曹髦不胜其愤，对几位亲近的大臣说："司马昭之心，路人皆知也。"他不甘当傀儡受人摆布，想先下手为强，就率领宫中卫士、童仆数百人前去攻打司马昭，反被司马昭杀害，时为景元元年（260）。司马昭另立曹操之孙、燕王曹宇之子曹奂为帝，是为元帝。灭蜀后一年，即元帝咸熙元年（264），司马昭晋封晋王。次年，司马昭建天子旌旗，其世子司马炎改称太子。是年司马昭病死，司马炎继立为晋王。同年十二月，司马炎废魏帝自立，国号晋，年号泰始，是为晋武帝。

历史有惊人的相似之处，魏王朝从曹丕让汉帝禅位称帝，传了四十五年，到此结束。司马昭也同样以让魏帝禅让的手段获取了帝位，曹魏遂亡。

就这样，四年之间，三易国君，陈寿的身份几次变更，由蜀臣而魏民而晋民。朝代变幻无常，政局动荡不安，给正直而敏感、孤介而倔强的陈寿心灵造成极大的震撼，促使他进行深入思考，《三国志》的构思也许从那几年就开始了。

（2）入仕新朝　相关著述

晋武帝司马炎是一位具有雄心壮志的君主，他登上皇位后，心里并不轻松。他很清楚，朝廷内外依然危机重重。从内部看，他的祖父司马懿、父亲司马昭为了给司马氏家族夺取帝位铺平道路，曾经对曹氏家族及其附属势力进行了残酷的屠杀，这件事所造成的阴影仍然横亘在人们的心中。从外部看，蜀汉虽平，孙吴仍在，虽说其实力已不足与晋抗衡，但仍是一个不小的威胁。要想巩固政权，进而完成吞并东吴、统一中国的大业，首先就要加强统治集团本身的凝聚力。为了达到这个目的，晋武帝广泛搜罗人才，大量举用魏、蜀遗臣以及先辈子弟。

但陈寿却没有时来运转。时隔多年之后，"丸药"事件依然影响着他的仕途。这跟西晋的治国策略也有关系。西晋统治者提倡礼教，尤其标榜孝道，号称"以孝治天下"。一个很重要的原因是晋武帝的父亲司马昭为了把持朝政，弑杀了他的君主高贵乡公曹髦。"弑君"在封建王朝里是最大的不忠，为了隐恶，晋王朝格外强调孝道，重视丧服礼制等。晋武帝在泰始四年（268）六月曾下诏："士庶有好学笃道，孝弟忠信，清白异行者，举而进之；有不孝敬于父母，不长悌于族党，悖礼弃常，不率法令者，纠而罪之。"对所谓"孝弟忠信"者，予以奖赏、重用；而对那些不遵守孝道的，要予以批判、惩罚。而在当时人看来，"丸药"事件正是"悖礼弃常"之举，陈寿理应受到惩处。

在故乡过了几年沉寂的生活后，陈寿终于等来了机会，得到了同窗罗宪、权臣张华的帮助。罗宪跟陈寿是同窗好友，在成都太学时同受业于谯周门下。因为学业优异，被同学们分别比为孔子门下的子贡和子游。罗宪在蜀汉时曾任太子舍人、尚书吏部郎、宣信校尉等职务。黄皓专政时，大臣们多曲意附和，罗宪却不屈从阿谀，黄皓因此怀恨在心，将他出调为巴东太守。蜀汉灭亡后，罗宪仍然坚守。直到后主投降的消息传来，罗宪才投降。入晋后，晋武帝比较赏识他，封他为西鄂县侯。泰始三年，又晋位冠军将军、假节，在仕途上比较顺利。罗宪与陈寿一直保持着联系，对他的遭遇非常同情，总想帮他摆脱困境。

泰始四年春，晋武帝在洛阳华林园大宴群臣。席间，晋武帝让大家尽心为朝廷举荐贤才，又特意向罗宪询问蜀汉大臣子弟的情况，并征询他哪些蜀地的士人值得举荐任用。罗宪趁机推荐陈寿，他对武帝说，这个人很有才华，应该加以提拔。黄门侍郎张华也很欣赏陈寿的才学，为他辩解说，陈寿这个人虽然小节有亏，受到非议，但按情理也不至于到被贬废不用的程度。他闲居乡里，不但是对自己才华的埋没，也是国家的损失。晋武帝听后，立即下诏，命陈寿和其他被举荐的蜀人速入京洛。此时，陈寿三十六岁。

在罗宪、张华的帮助下，陈寿很快就被举为孝廉，后来又担任佐著作郎、著作郎等职务，人生步入了一个新的阶段。

泰始五年（269），陈寿以佐著作郎身份兼领巴西郡的中正官。中正官是为当时实行的九品中正制而设置的。所谓九品中正制，是魏晋南北朝时期一种重要的官吏选拔制度，又名九品官人法。朝廷在州郡设置中正，负责将当地人物评为上上、上中、上下、中上、中中、中下、下上、下中、下下九品，然后由中央政府根据品第的高低授予相应的官职。中正官的主要职责是品题人物，负责品评和他同籍的士人，包括本州和散居其他各郡的士人，向朝廷举荐人才。按照魏晋成例，州郡中正一般都由在朝的本籍官员兼领，这是考虑到他们对本籍的情况比较了解、熟悉，更有利于选拔人才。在后来撰写《三国志》的过程中，陈寿对人物的局量才识特别有兴趣，大概与他担任中正的这段经历有关。

晋代的制度规定，著作郎到职之后，要撰写一部名臣传。既为历史名臣立传，又可借此考核著作郎是否称职，是一举两得的事情。中书监荀勖、中书令和峤上奏朝廷，让陈寿编撰诸葛亮故事。陈寿于是着手整理诸葛亮著作，编撰《诸葛亮集》。陈寿本身是蜀人，对诸葛亮比较熟悉，对于民间流传的各种故事能够辨别真伪，本人又"属文富艳"，才华出众，由他来编定《诸葛亮集》，是众望所归。后来，陈寿出任平阳（今山西临汾市西）侯相，在公务之余，他仍然孜孜不倦地编写，终于泰始十年（274）完稿，当年二月一日，上奏给朝廷。晋武帝阅读之后，给了很高的评价，授予他著作郎的职务。陈寿回到京都洛阳，仍然兼领巴西郡中正。

巴蜀地区的学者历来重视对于地方史的编撰。从东汉以来，蜀郡的郑伯邑、刘彦信，汉中的陈申伯、祝元灵，广汉的王文表等人先后有巴、蜀《耆旧传》传世。在谯周撰写的史书中有一部名为《三巴记》的地方志。受这一传统的影响，陈寿写史也是先从地方志做起。他不满意前辈的著作，认为他们只是局限巴蜀一隅，很多乡邦人物没有被网罗进去。为了弥补前人的不足，他撰写了《益部耆旧传》十篇，将范围扩大到益州的全部，保存了大量乡邦人物和本地史事的资料，这为《三国志》中《蜀书》的成书奠定了坚实的基础。这部书由陈寿的同窗文立表呈朝廷之后，受到了晋武帝和当时诸多文士的称赞，在后世也产生了较大的影响。东晋时期，著名书法家王献之（王羲之子）曾经将其手书一遍，当作珍物馈赠给友人。常璩是著名的地方史专家，他对此书极为推崇，盛赞该书可以跟司马迁的《史记》、班固的《汉书》相媲美，他在撰写《华阳国志》时也多取法取材于此。其后，常宽续作成《续益部耆旧传》。南朝宋裴松之注《三国志》、北魏郦道元作《水经注》时都称曾经引证自该传。

此外，他还写过《古国志》五十篇。非常可惜的是，这两部书先后都亡佚了，传世之作只有《三国志》。

（3）撰写《三国志》

魏灭蜀之后，三国鼎立变成了南北对峙。曹魏更加强大，孙吴则每况愈下。末帝孙皓暴虐昏庸，上至朝臣，下至百姓，无不怨声载道。晋武帝代魏之后，就开始了灭吴的准备。经过十年的筹划，咸宁五年（279），六路晋军向吴国展开大规模进攻，一路势如破竹。晋将王濬率领以高大的战船组成的水军，顺江而下。吴国守军在巫峡钉下了无数个锋利无比的、长十余丈的铁锥，在江面狭窄处用粗大的铁链封锁江面，想以此阻挡晋军。王濬预先造了数十个大筏，扎些草人立于筏上，派一些士卒撑筏先行，铁锥碰到竹筏，就被牵引出来。王濬又派人将大竹排放入长江，在排上载了无数根数丈长的用麻油浇灌的火炬，遇到铁链，就点燃火炬将其烧断。吴国在长江上的防守设施被一一排除，晋军驱军深入，直攻吴国首都建业（今江苏南京）。"王濬楼船下益州，金陵王气黯然收"，晋军仅用了四个多月，便取得了灭吴战争的全部胜利。晋武帝太康元年（280），吴末帝孙皓降晋，吴亡，全部郡、州、县正式并入晋国版图。三国鼎立的局面至此完全结束。时年，陈寿四十八岁。

当初，魏国和吴国虽然都有史官修史，但各为正统，立论偏颇，又颇多芜累之词。大一统局面的实现需要对刚刚过去的三国时期的历史进行一次全面的整理与总结，西晋统治者也需要为其政权"正名"的史书。大概从太康初年开始，陈寿着手整理三国史事，准备撰写《三国志》。

陈寿撰写《三国志》有他的有利条件。主观方面，陈寿具备撰写史书的素养。史书撰写对写作者有着较高的要求，需要文史兼备。如果仅仅掌握大量的历史资料，但没有高度的文学修养，是写不出传世史著的。中国历史上优秀的史学家，同时无不是出色的文学家，如司马迁、班固、范晔等。陈寿不但掌握了丰富的历史知识，而且"属文富艳"，具有敏锐的观察力，能够承担起这一重任。

此外，陈寿的历官行事也有助于他进行史学著述。他在蜀汉时曾经担任东观秘书郎（东观和秘书省本为国家掌管图书典籍之所，而史官修史是离不开图书典籍的，所以二者往往结合在一起，以便顺利进行工作），入晋之后，历任佐著作郎、著作郎。这些都是史官之职，主要负责撰写史书。任佐著作郎时，他受诏整理诸葛亮的文集，并且写了一篇全面评价诸葛亮的文章，上呈给晋武帝，得到赞扬。而《益部耆旧传》《古国志》的撰著，说明他一直在从事历史研究和写作，并卓有成效。他还编过《汉名臣奏事》三十卷、《魏名臣奏事》四十卷及《目》一卷，对当时中原地区的名臣生平事迹进行了梳理。这些都为《三国志》的撰写奠定了良好的基础。

一些客观条件也有利于《三国志》撰写工作的开展。如已有一些有关三国史事的著述，可供参考。魏国王沈有《魏书》四十四卷，吴国韦曜有《吴书》五十五卷。这两本书都是受命而撰，属于官修史书。此外，还有魏人鱼豢私撰的《魏略》三十八卷（一说五十八卷），叙述曹操至魏末一代史事，所记自曹操至陈留王曹奂，为纪传体曹魏史，有纪、有志、有传。尽管这些书有很多不足之处，如王沈《魏书》“多为时讳，殊非实录”，鱼豢《魏略》“巨细毕载，芜累甚多”。但它们毕竟保存了大量史料，成为陈寿撰写魏、吴两国史事的主要材料依据。

天下一统的政治环境也使得陈寿编撰《三国志》的设想成为可能。晋武帝统一全国后，各方图籍以及各种重要的档案资料都被集中运到京都洛阳，撰写大型史书的条件已经具备。

此外，三国距陈寿的生活时代不远，对不少史事，他都曾耳闻目睹。有很多可能当时人认为是很平常、人人都了解的事情，如果不及时加以记载，过上一段时间，就不易弄清了。如当时职官的设置、州郡的划分等等。以陈寿这般曾身临其境的人将其记录下来，自然就可靠一些，可以看作是信史了。

但也有不少阻碍。由于时间相隔太近，诸多文献资料还没有披露出来，可资利用的现成成果不会太多，加上他是私人著述，没有条件获得大量的文献档案，个人力量不易将资料收集得很完备。尤其是蜀汉没有设置史官，没有现成的文字图书资料或别人已整理好的史学成果可资借鉴，需要陈寿自己去采集、编次，困难重重。又兼时代过近，对人物的褒贬评论还没有摆脱时人的痕迹，不能完全做到公正无偏。另外还需要考虑到各种政治力量的干涉阻碍，免不了有避讳曲笔的地方。

为了更好地完成这部史书，陈寿可谓耗尽心血。他广泛搜集整理三国时期的档案文献，到各地采访遗闻轶事，调查核实有关人物名、字号、籍贯，以及担任过的官职等。靠着深厚的史学修养与文学功底，陈寿在浩如烟海的资料中提炼素材，透过纷繁复杂的历史现象洞察政治、军事形势，在历史陈述中布设历史山河。从太康初年到太康十年，陈寿用了近十年的时间，终于完成了这一史学名著。

《三国志》共六十五卷，其中《魏书》三十卷，《蜀书》十五卷，《吴书》二十卷。另有《叙录》一卷，自述陈寿的生平爵里、撰写宗旨等等，可惜已经亡佚。《三国志》叙述了魏、蜀、吴三国鼎立时期的历史，反映了从东汉末年群雄割据到魏、蜀、吴三国鼎立，再到西晋统一天下近百年间中国由分裂走向统一的客观历史过程。

《三国志》书成之后，受到了人们的广泛好评，陈寿被称赞为"善叙事，有良史之才"。当时有个叫夏侯湛的人正在写

《魏书》，读了陈寿的《三国志》后，自愧不如，觉得自己写的书已经没有存在的必要了，当即就把已经写成的书稿烧掉。而当初对陈寿有知遇之恩的中书令张华对此更是大为欣赏，他称赞《三国志》"品藻典雅"，认为陈寿可以跟杰出史学家司马迁、班固相比，并准备将修撰本朝国史的任务交给他。凡此种种，都可见《三国志》当时为世所重。

而经过历史长河的冲刷，《三国志》的价值愈发凸显出来，其他三国史相继泯灭无闻，只有《三国志》经住了历史的考验，流传至今。

宦海风波　客死洛阳

陈寿因《三国志》而备受赞誉，同时也因秉笔直书而得罪了一些当世权贵。因为《三国志》毕竟是近代史，牵扯到还在世的一些人。权臣荀勖读了《三国志》后，就十分不快。原来他在曹魏时期是由大将军曹爽征辟出来做官的，两人关系交好。而陈寿在书中对曹爽多有贬议，他对此耿耿于怀，伺机报复。再加上荀勖与张华有矛盾，两人在政治上一直明争暗斗，张华欣赏陈寿，自然也成了陈寿的罪过。张华想荐举陈寿为中书郎，由于荀勖的阻扰而未果。荀勖不愿陈寿在内廷为官，就授意掌管官员升降的吏部将陈寿出调为长广太守。长广郡地处山东半岛东南，治所在不其（今山东即墨西南），远离京都洛阳。著作郎为六品，太守为五品，表面看起来是升迁了，但时俗一向以京官为尊。荀勖此举，实是明升暗降。陈寿以母亲年老多病需要奉养为由，迟迟不肯去长广上任，这也是一种无言的抗议。

后来，镇南大将军杜预推荐陈寿担任散骑侍郎一职，晋武帝说："你说晚了一步，前一阵刚有人推荐寿良（与陈寿一起被荐举入京的蜀人），已经让他担任这个职务了，那就让陈寿担任治书侍御史吧。"治书侍御史是皇帝左右的侍从官，为御史中丞之副，执掌监察、弹劾，职位比较重要。但陈寿上任不久，他母亲就去世了。

陈寿的父亲去世后，其母一直寡居。陈寿由蜀地入洛阳为官，将她由安汉老家接到洛阳奉养。按封建礼教，母亲去世后，陈寿应扶柩还乡，将父母合葬，方合乎所谓"孝道"。但蜀地离洛阳有几千里之遥，道远路险，阻碍重重，他的母亲大概不忍他遭受千里跋涉奔波之苦，临终前留下遗嘱，要陈寿将她安葬于洛阳。向来孝顺的陈寿尽管为难，还是遵从了母亲的意思，结果又引起舆论大哗。在时人看来，这也是违礼的行为，是不可原谅的。清议谴责他有悖伦常，于是再受废辱，数年未能为官，闲居洛阳。遵从母亲遗命，本为至孝，反而落得个不孝的罪名，以致再次被卷入"清议"旋涡，影响到仕途，陈寿心情之低落可想而知。

但陈寿毕竟是当朝名士，对他的遭遇，不少人表示了同情。数年之后，梁、益二州大中正何攀极力为之辩护，说陈寿尽管小节有亏，但有大才，不应以世俗偏见将其贬废不用。没过多久，晋惠帝任命他为太子中庶子，想把辅佐太子司马遹的重任托付给他。这对陈寿来说，也算是一个迟到的安慰。但这时的陈寿，已经是年老体弱、身心交瘁，没有等到就职那一天，便在洛阳家中与世长辞了。这一年是晋惠帝元康七年（297），陈寿六十五岁。

《三国志》与前三史一样，也是私人修史。陈寿在世时，并没有将《三国志》上奏朝廷，仅收藏在洛阳的家中。他死后，尚书郎范頵给惠帝上表说："陈寿作《三国志》，辞多劝诫，明乎得失，有益风化，虽文艳不若相如，而质直过之，愿垂采录。"并恳请惠帝依照当初汉武帝于司马相如临终前派人"悉取其书"的故事，将《三国志》定为官颁书籍，入藏于皇家图书馆，不要留下千古遗憾。惠帝于是下诏给河南尹华澹、洛阳令张泓，命他们派人携带纸笔到洛阳陈寿的家里去抄写《三国志》。书稿抄好后被藏在内阁保存起来，《三国志》由此取得了正统史书的地位。

陈寿的一生很不得志，他才华满腹，却时运不济，不能尽骋其才。初入仕途时正值蜀汉小人当道，朝政昏庸，因拒绝同流合污而屡遭罢黜；入晋后又遇权臣当道，嫉贤妒能，且因"清议"旋涡一再备受世人非议，最终郁郁而终。所以《华阳国志·后贤志·陈寿传》说他"位望不充其才，时人冤之"。但陈寿并不因此而随波逐流，始终坚持自己的原则，精研史学，最终撰写成一代史学名著——《三国志》，他也由此跻身于文化伟人的行列。

除《三国志》外，陈寿还有不少著述，如《古国志》五十篇、《释讳》（篇卷未详）、《广国论》（篇卷未详）、《晋驳事》四卷、《晋弹事》九卷、《益部耆旧传》十篇、《益部耆旧传杂记》二卷、《官司论》七篇、《诸葛亮集》二十四篇、《汉名臣奏事》三十卷、《魏名臣奏事》四十卷（外有《目》一卷）等等，这些著作总数达二百五十余卷（篇）。但后来在流传过程中，由于种种原因，都已经亡佚。流传最广、影响最大的还是《三国志》，被誉为正史之典范、史家之圭臬，供后人瞻仰、膜拜。

二、《三国志》引发的良史之争

《三国志》面世后，陈寿获得了广泛的赞誉，时人称赞他"善叙事，有良史之才"，把他和司马迁、班固相提并论。南朝宋人裴松之在为《三国志》作注时，认为《三国志》"铨叙可观，事多审正，诚游览之苑囿，近世之嘉史"。北魏的崔浩也认为："《三国志》有古良史之风，其所著述，文义典正，皆扬于王廷之言，微而显，婉而成章，班氏以来无及寿者。"但也有不少人对陈寿能否称得上优秀史学家产生了质疑，有关争论持续了一千多年。一般认为，史学家应该具备史德、史学、史识、史才四方面的素养。所谓史德，指的是史家的心术，即史家秉笔直书的胆识和修养，就是在撰写史书时，对于历史要做到毫不偏私，褒善贬恶，立论公正；史学，指史家掌握的历史知识；史识，指对于历史的看法观点，即对历史的洞察力和判断力；史才，即编撰史书的才力，就是史家的文笔。按照这一标准来衡量，陈寿基本是谨守史德，掌握了丰厚的历史知识，具备卓越的史识与史才，堪称良史。

"守得云开见月明"——关于陈寿史德的争论

关于陈寿的史德，曾颇有争议。这种争议主要是由以下几件事情引发的：

（1）索米立传

流传最广，影响最大的是所谓"索米立传"一事。这源于正史《晋书·陈寿传》中的一段记载。《晋书》承认陈寿"善叙事，有良史之才"，但同时又认为陈寿因为私怨而在书中有所表现。传记中说，丁仪、丁廙二人在魏国负有盛名，本应有他们的传记。陈寿编撰《三国志》时，对他们的儿子示意说："拿一千斛米送给我，我就给你们的父亲作一篇好的传记。"但被拒绝了，他由此怀恨在心，就没有给二丁立传，只是在王粲的传记后附带提了一句。

这段记载看似有理有据，对贬低陈寿的人格有很大的煽动性，有几位史学家如北周的柳虬、唐代的刘知几、宋代的陈振孙等就深信不疑，对陈寿加以强烈指责。如刘知几曾针对此事指责他为"记言之奸贼，载笔之凶人"，陈振孙也批评他"乞米作佳传……难乎免物议矣"。

但多数史学家认为所谓"索米"一事不合情理，为陈寿仗义执言。清朝著名史学家王鸣盛就指出，《晋书》的作者喜欢稗闻野史，往往不经考证核实便收入书中，"聊助谈资"。他态度激烈地说，丁仪、丁廙二人只不过是"巧佞之尤"，哪有资格立传？清人潘眉也说："丁仪、丁廙，官不过右刺奸掾及黄门侍郎，外无摧锋接刃之功，内无升堂庙胜之效，党于陈思王，冀摇冢嗣，启衅骨肉，事既不成，刑戮随之，斯实魏朝罪人，不得立传明矣。《晋书》谓索米不得不为立传，此最无识之言。"意思大致是说，二丁官职不高，武无攻城野战之功，文无运筹帷幄之能，只是陈思王曹植的心腹，常在曹操面前夸奖曹植，极力为曹植继立制造舆论，妄图动摇传统的继承制度，挑拨曹丕、曹植兄弟之间的骨肉亲情。最后事情没有成功，他们也最终被杀死。二丁实际上是魏国的罪人，不能立传是很明显的事情。

"索米"一事的确经不起推敲。《三国志·魏书·陈思王植传》中明确记载："文帝即位，诛丁仪、丁廙并其男口。"丁仪、丁廙是曹植的门客，帮助曹植出谋划策跟曹丕争太子之位。曹丕最终在这场政治斗争中取胜，他登上皇位后，对曹植及其心腹、下属展开了大肆报复，很多人被杀或被放逐。丁仪、丁廙及全家男口全部被杀，没有留下后代。既然丁家全部男口早在曹丕即位之初就已经全部被杀，又怎么会在四五十年之后冒出两人的儿子来呢？至此，"索米"一事之真伪不言而明。

且陈寿没有给二丁专门立传是有原因的。王粲是著名的"建安七子"之一，被誉为"七子之冠冕"，文学成就最高。但陈寿之所以为他专门立传，不是因为他的文学成就，而是因为他是曹魏政权"制度"的制定者。他为这个新兴政权"兴制度"、作礼乐，建立了一整套管理制度，制定了各项法律和法规，影响深远。建安七子中，除了王粲、孔融有传记之外，其他如陈琳、阮瑀、徐干、应瑒、刘桢等都只是在王粲的传记后附带提及，随后说邯郸淳、繁钦、路粹、丁仪、丁廙、杨修、荀玮等人"亦有文采"。按丁仪、丁廙的人品和才学而言，这样处理也就够了，哪里还需要特地为他们立传呢？且《晋书》的作者也不敢确认，只是含糊其词地写"或云"，即"有人说"。但这"或云"后面的内容却使陈寿在身后仍然蒙受了不白之冤。

（2）"诸葛亮髡父"与"陈寿被挞"

在《三国志》中，陈寿给故国丞相诸葛亮立了专传，予以浓墨重彩的描写。但又评论诸葛亮"应变将略，非其所长"，还说他的儿子诸葛瞻虽然名气很大，实际上只工于书法，名过其实。对此，不少人极为不满，认为陈寿是出于私愤而故意贬低诸葛亮父子。

《晋书·陈寿传》中有一段记载说，陈寿的父亲曾经是马谡的参军，马谡在失街亭之后被诸葛亮诛杀，陈寿的父亲也因此受到牵连，被施以髡刑（剃去头发的一种刑罚）。诸葛亮的儿子诸葛瞻又很轻视陈寿。陈寿因而心怀不满，就在传记中故意贬低诸葛亮父子。

北齐魏收《魏书·毛修之传》则记载说，北魏太武帝时，东晋降将毛修之对崔浩说："我当初在蜀地的时候，曾经听一位长者说，陈寿曾经在诸葛亮门下担任书佐，因为犯了过错，被诸葛亮下令打了一百下。出于报复，他就说诸葛亮'应变将略，非其所长'。"也认为陈寿是出于私愤，故意给诸葛亮抹黑。

这两种说法虽然源于正史，但笔者认为都是不公正、不确切的。

陈寿对诸葛亮非常尊崇。在《三国志》中，除了皇帝以外的大人物，有专传的只有两个人，一个是蜀汉的诸葛亮，一个是孙吴的陆逊。《三国志》以简洁为尚，而《诸葛亮传》一传就写了一万一千余字。在传记中，陈寿收录了他自己的《上诸葛氏集表》，表中对诸葛亮的治蜀功绩反复称颂，形容得尽善尽美。他称赞诸葛亮治蜀"科教严明，赏罚必信。无恶不惩，无善不显。至于吏不容奸，人怀自厉。道不拾遗，强不侵弱，风化肃然"。意思是说，诸葛亮治理蜀汉科教严明，赏罚必信。该赏的一定赏，该罚的一定罚；没有一件恶事不受到惩罚，没有一件善事不受到奖励。官吏不容忍有奸邪，人人都自求奋勉。社会上的风气是清明而严肃的，达到了道不拾遗、强不侵弱的境界。这样的称赞，未免有些言过其实，但可以看出陈寿对诸葛亮的尊崇之情。不仅如此，陈寿还用了一千余字对他作了一个全面评价，盛赞诸葛亮治蜀做到了"邦域之内，咸畏而爱之；刑政虽峻，而无怨者，以其用心平而劝戒明也"。就是说蜀汉的人都畏惧而又尊敬他，刑法虽然严峻，但没有抱怨他的人，这是因为他能够用心公平、赏罚分明。其评价之高，不仅在《三国志》中独此一例，在史书中也实属罕见。

与此形成鲜明对比的是，陈寿对因失街亭之事而受到牵连的老父却一字未提，以至于他父亲的名字都没有流传下来，后人提起，只能以"陈寿父"称之。这无疑是他作为优秀史学家的表现。

至于陈寿被挞更属无稽之谈。陈寿生于蜀汉后主建兴十一年（233），而诸葛亮死于建兴十二年。诸葛亮死时陈寿才两岁，如何去做诸葛亮的门下书佐？而他对诸葛亮"应变将略，非其所长"的评价，是实事求是，绝非有意贬低，也不是陈寿一人的看法。当时和后世史家多有此说。如当时的袁准曾说："以亮之才而少其功，何也？袁子曰：亮，持本者也，其于应变，则非其所长也。"

以上种种，均可看出陈寿对诸葛亮是尊重而景仰的，其感情之浓烈甚至超过了同时代的其他人。对其"将略非长"的评价也符合事实，并非有意贬低。只是人都有一种普遍心理，即对自己的偶像只听得进赞颂之语而容不得指责之话，一味美化甚至神化。诸葛亮作为一代名相，其忠贞智慧的形象深入人心，后人在其身上倾注了太多的期望乃至幻想，其人其事也在流传过程中被逐渐神化，最终成为一个"完人"乃至"神人"形象。陈寿中肯的评价，也就被视为泄愤之语而不能被公正看待了。

此外，陈寿对诸葛亮的儿子诸葛瞻的评价也属公正。蜀人怀念诸葛亮，出于爱屋及乌的心理，便也爱惜诸葛瞻的品德情操以及才华。每当朝廷有好的政策和措施公布，即使不是诸葛瞻建议和倡导的，百姓也会相互流传："是诸葛瞻做的。"所以他的名气很大。但实际上，他在很大程度上是沾了他父亲的光，"美声溢誉，有过其实"。诸葛瞻在蜀汉朝廷做到尚书仆射，并兼任军师将军，统领国事，官职不可谓不高。当时黄皓把揽朝政，朝中大臣大都迁就阿附他。而诸葛瞻也采取了明哲保身的态度，没有加以压制，任凭他飞扬跋扈，结党营私，以致国事日非，每况愈下。蜀汉炎兴元年（263）冬，魏国征西将军邓艾奇袭阴平，诸葛瞻带领尚书张遵（张飞之孙）、尚书郎黄崇（黄权之子）、羽林右部督李球督等人率军前往抵抗，到达涪县（今四川涪城）后却又盘桓不前。黄崇多次劝他迅速抢占险要地势，阻止敌人进入平原，诸葛瞻却犹豫不决，未加采纳，以致错失良机。黄崇因为他的这一失策而痛哭失声，邓艾因此得以率军长驱直入，直逼成都。诸葛瞻后来战死沙场，其子诸葛尚在随父殉国前感慨："我们父子受了国家那么多的恩惠，没有及早除掉黄皓，以致惨败，还有什么面目活下去呢！"如此看来，陈寿对诸葛瞻名过其实的评价也不为过。

（3）《三国志》中的曲笔

《三国志》中存在的曲笔更让后人对陈寿的史德大加指责。"曲笔"，是史家在著述中有所顾忌，有意避讳的一种笔法。在《三国志》中，陈寿对曹魏集团和司马氏集团多有回护、溢美之词，被认为是违背了"实录"的优良传统。

"实录"传统。"实录"，是指在史书撰写过程中要记事翔实，行文准确。它首先要求史家作史有据，要全面地占有材料，承认客观事实的存在，全面而系统地直书史事，不做任何曲笔或漏略。其次要求史家具有求是存真的高尚史德，不仅要善恶必书，而且要不虚美，不隐恶，对史事人物的爱憎褒贬恰如其分。如果一个史家没有直言不讳的精神，没有爱憎分明的立场，就是丧失了史德，也就丧失了在史界的地位。而为了给后世留下真实可信的历史记录，不少史官不顾个人的荣辱安危，甚至付出了生命的代价。常被后人称道的史官有春秋时期的齐太史、晋董狐。

齐太史的故事见于《左传·襄公二十五年》。当时齐庄公与大夫崔杼的妻子棠姜通奸，崔杼不堪其辱，就在家中设圈套杀了前去偷情的齐庄公，另立齐景公，自己做了国相。臣下杀掉君主的行为，被称为"弑"，在封建时代是最为大逆不道的事情。齐太史在简策上秉笔直书："崔杼弑其君。"崔杼大怒，立即杀掉了太史。太史的两个弟弟仍然直书其事，也被崔杼杀害。太史的最后一个弟弟不畏强暴，依旧坚持直书。崔杼知道无法阻止，才没有杀害他。齐国另一位史官南史氏，听说接连有三位太史因实录国事被杀，担心没有人再敢直书，便带上写有"崔杼弑其君"的竹简向宫廷走去，走到中途得知第四位太史照实记录没有被杀，才满意地回去了。为了维护记史的直书实录传统，齐国的太史们一个接一个地视死如归，这是用鲜血换得的史书上的真话，以及伟大的实录传统！

"董狐笔"的故事记载于《左传·宣公二年》。晋灵公是个昏君，而晋国正卿赵盾是个正直的大臣，经常加以谏劝。晋灵公嫌赵盾碍手碍脚，派刺客去暗杀他。赵盾被逼无奈，只得出走，尚未逃出境外时，他的族人赵穿便起兵杀了晋灵公。晋太史董狐便在史书上写道："赵盾弑其君"，并且"示之于朝"。赵盾对董狐说："我没有弑君。"董狐说："你是正卿，逃亡没有出境，国君被杀了，你回来后又没有惩处弑君的人，当然就等于是你弑君了。"赵盾没有办法，只好听任董狐写自己弑君了。

齐太史、晋董狐不畏权势、坚持直书实录的记史传统，自古以来，是史家以及士人的榜样。

但良好的意愿与残酷的现实之间往往有种种矛盾。作为封建时代的史书，"为尊者讳"是无法超越的潜规则。很多时候，史官不得不对当权者有所回护。一代圣人孔子编《春秋》时采取了"春秋笔法"，即"善善恶恶""贤贤贱不肖"，受到司马迁的高度称赞。但是《春秋》笔法，却又为尊者、亲者、贤者讳，有着"内大恶讳，小恶不书"等避讳原则。如《春秋》载，鲁僖公二十八年（前632），"天王狩于河阳"。当时的周王已经没有了号召诸侯、统领天下的能力，只是名义上的天子。春秋霸主之一的晋文公为了联合其他国家讨伐许、卫，召集了盟会，并强使当时的天子周襄王参加，以达到"挟天子以令诸侯"的目的。周襄王迫于晋文公的威力不得不从。周天子贵为天下共主，而晋文公仅仅是刚刚被封为侯伯的臣子。晋文公以臣召君，当属违"礼"；周襄王以君应臣召更属违"礼"。孔子既不能责周襄王，也就不能责晋文公，因此在编写《春秋》时就把此事曲笔为"天王狩于河阳"，这样写，既隐掉了天子为诸侯所召的真相，又保存了体面。但河阳距王都甚远，不是周王平常出狩之地。这样，读者就可从中了解真情，史实遂可免于泯没。在维护君君、臣臣、父父、子子的封建道德纲常的大原则下，孔子将直笔讨恶与曲笔讳饰统一起来。其他或为维护伦理纲常或迫于现实压力等原因而曲笔的史书更是不知凡几。

《三国志》中的"曲笔"。《三国志》中的确有不少曲笔，对曹魏集团和司马氏集团尤其多有回护、溢美。

如曹操任丞相一事,《三国志·魏书·武帝纪》云:"汉罢三公官,置丞相、御史大夫,夏六月,以公为丞相。"看起来是汉献帝主动任命曹操为丞相的。范晔《后汉书·献帝纪》则云:"夏六月,罢三公官,置丞相、御史大夫。癸巳,曹操自为丞相。"曹操任丞相是汉献帝建安十三年(208)的事,当时他已大权在握,担任丞相职务的决定权,完全在他自己,可见《后汉书》的记载更合乎实际。

对于魏晋禅代之际司马氏的种种丑事,陈寿更是加以粉饰。

一是司马师废齐王曹芳事。

齐王曹芳是魏明帝曹叡的嗣子,明帝景初三年(239)登基,年仅八岁。即位后,大将军曹爽、太尉司马懿共同辅政。二人开始尚齐心协力,后来则明争暗斗,互相压制。曹爽重用何晏、邓飏、丁谧等人,排挤司马懿,将其架空。司马懿为夺回大权,暗中进行了准备。正始十年(249),曹芳出洛阳到高平陵祭扫明帝的陵墓,曹爽陪同前往。司马懿乘机在城内发动政变,将曹爽党羽逮捕杀掉,逼曹爽交出大权,后将其囚禁处死,史称"高平陵"事件。通过这次政变,司马氏掌握了曹魏大权。司马懿死后,其子司马师担任大将军,把持朝政。

曹芳长大后,不甘心当一个被人操纵的傀儡,就暗中联合李丰、张缉(皇后之父)、夏侯玄等人,想罢除司马师,改立夏侯玄为大将军。但消息不慎走漏,司马师得知后,手提宝剑,带着亲兵,直接去找李丰,责问他为什么要谋害自己。李丰怒不可遏,大骂司马师残忍无道。司马师杀死李丰,下令捕杀张缉和夏侯玄,灭掉李丰、张缉、夏侯玄的家族。然后,他提着宝剑,怒气冲冲地闯进皇宫,向曹芳索取皇后。曹芳说:

"张缉固然有罪，但他的女儿是皇后，并不知道张缉谋反的事，就饶了她吧!"司马师挥舞着宝剑说："就算她不知情，也不能再当皇后了，应该立刻把她废掉!"面对司马师的宝剑，曹芳连大气也不敢出一下，只得将张皇后废黜，命其出宫。几天后，有消息传出，张皇后患急病身亡，这当然是司马师下毒手把皇后害死了。

之后，曹芳一直深恐不安。司马师也怀疑李丰等人的行动与曹芳有关，便着手准备将其废黜。嘉平六年（254），司马师将曹芳废去帝号，贬为齐王。曹芳被废的经过，据裴松之注引录《魏略》中的记载，司马师谋划要废黜曹芳，先派郭芝入宫去告诉皇太后。当时，皇太后正和曹芳谈论事情。郭芝闯进去，对曹芳说："大将军要废掉陛下，另立彭城王曹据。"曹芳气得站起来走到内室去了。太后也非常生气，责问郭芝为什么如此无礼。没想到郭芝却振振有词，责备起太后来，说："太后教子无方，以致曹芳荒淫无道。现在大将军决心已下，正领兵驻扎在皇宫外面，以防有人叛乱。太后您只能按照大将军的意思办事，还能有什么说的呢?"太后吓坏了，说："我想见见大将军，有话对他讲。"郭芝说："有什么好见的呢? 太后只要废了曹芳，把玉玺交出来就行了。"太后没有办法，只好照郭芝说的办，拿出了玉玺。司马师大喜，立即命曹芳出宫。曹芳去跟皇太后告别，流泪不止，去送他的大臣有数十人，也都悲痛不已。可以看出，曹芳之被废，是司马师授意的，郭太后是被逼迫之下作出的无奈之举。而《三国志·魏书·齐王芳纪》中却记载道：

秋九月，大将军司马景王将谋废帝，以闻皇太后。甲戌，太后令曰："皇帝芳春秋已长，不亲万机，耽淫内宠，沉漫女德，日延倡优，纵其丑谑。迎六宫家人留止内房，毁人伦之叙，乱男女之节。恭孝日亏，悖傲滋甚，不可以承天绪，奉宗庙。使兼太尉高柔奉策，用一元大武告于宗庙，遣芳归藩于齐，以避皇位。"是日迁居别宫，年二十三。

其中虽然可见废帝之谋是出自司马师，但司马师曾经奏闻太后，并且曹芳"无道不孝"，应该被废黜。这显然是为司马氏辩护。

最为严重的曲笔是高贵乡公曹髦被弑之事。

曹髦是曹丕的孙子，东海定王曹霖的儿子，齐王曹芳正始五年（244）被封为高贵乡公。司马师废掉曹芳后，曹髦被迎立为帝，改元"正元"，时年十五。曹髦即位后，仍然只是一个傀儡，实权先后由司马师和其弟司马昭掌握。司马昭专横跋扈，铲除异己，打击政敌。曹髦是位非常有志气的君主，他想将大权夺回，中兴魏王朝。甘露四年（259）正月，地方上汇报在河南宁陵县的井中两次发现黄龙，人们都认为这是吉兆，纷纷向曹髦道贺，曹髦却说："龙，是皇帝的象征。如今上不在天，下不在田，却多次蜷曲于井中，这不是什么好的兆头啊！"还写了一首《黄龙歌》，婉曲地表达了自己的不满。司马昭得知后大怒，生了废黜之心。

甘露五年四月，曹髦召见王沈、王经、王业三人，愤慨地说："司马昭之心，路人皆知也。我不能白白忍受被推翻的耻辱，我要你们同我一道去讨伐他。"几位大臣知道这样做等于是飞蛾投火，都劝他暂时忍耐。王经对曹髦说："当今大权落在司马昭手里，满朝文武都是他的人；陛下您力量薄弱，如果莽撞行动，后果不堪设想，应该慎重考虑啊！"曹髦不听，亲自率领仆从、侍卫等数百人去讨伐司马昭。王沈与王业见劝阻不成，害怕自己受到牵连，就先行向司马昭通风报信。司马昭得到消息后，立刻派兵入宫，双方在宫内东止车门相遇。司马昭的弟弟司马伷上前劝阻，被曹髦的手下呵退。中护军贾充又出来阻挡，曹髦拔剑亲自迎战，众人都不敢上前。这时，太子舍人成济在贾充的授意下冲上前去，将曹髦一剑从胸部刺穿，曹髦立即死在车上，年仅二十岁。司马昭闻讯后假装大惊，跑到宫中，伏尸大哭。为了掩人耳目，他以"大逆不道"罪诛杀了成济一族。又用太后的名义，以不敬太后、自寻死路的罪名将曹髦的皇帝名位废掉，另立曹奂为帝。

这样一件大事，《三国志·三少帝纪》仅记载："（甘露五年）五月己丑，高贵乡公卒，年二十。"下面接着记载皇太后的诏令，历数其罪状，说他悖逆无道，死有余辜，要以庶人之礼葬之。完全看不出是司马昭将其杀死的。又载司马昭的奏疏，内称"高贵乡公带领随从的士兵，拔出战刀敲起钟鼓冲向臣的住所。臣害怕刀兵交锋，就命令将士不能伤害他，违抗命令的按军法处置。骑督成倅的弟弟太子舍人成济，从侧面冲入军阵杀伤高贵乡公，导致丧命。臣当即拘捕了成济，按军法加以处置"，好像他还在忠心耿耿地护驾。这不仅完全掩盖了司马昭的主谋罪责，还使司马昭成了讨贼功臣，可见回护之甚！当时的局势很清楚，魏国的军政大权，早已为司马氏父子所把持，任何举措，都是要经过司马氏点头才能办理。"弑君"这样一件在封建王朝中被视为最大逆不道的事情，如果没有司马昭的授意，谁敢冒天下之大不韪呢？

像这样被后人所批评的曲笔、讳恶之事，《三国志》中还有很多。

曲笔原因。曲笔一向为正直的史家所唾弃，无疑是应当反对的，但也不能因为一部史书存在某些曲笔就一笔抹杀了它的价值。从陈寿所处的社会环境来看，其曲笔的做法可以理解。

曲笔是陈寿身处曹魏、西晋政权交替过程中的一种避祸方式。魏晋时期，朝代更迭频繁，政治斗争激烈，历史问题与现实问题纠缠在一起。统治者又往往要求史官按照自己的意愿编写史书，用言论为自己的统治保驾护航，写史成为一件相当艰巨的工作，经常有史家因秉笔直书而招来杀身之祸。如吴国的韦昭受命撰写《吴书》，仅写成草稿，叙赞还没来得及动笔，就被末帝孙皓所杀。原因是孙皓要韦昭为其父孙和（孙和是孙权的第三个儿子，在长兄孙登病死后被立为太子。后来被孙权废掉，放逐到长沙。孙权的小儿子孙亮被立为太子。孙权死后，权臣诸葛恪被宗室孙峻杀死，孙和也受到牵连。因为他的妃子张氏是诸葛恪的外甥女，而诸葛恪还被指控有意拥立孙和为帝。孙峻后来派人赐孙和死，孙和遂自杀）作"纪"，"纪"是帝王的传记，孙皓的用意很明显，就是想让自己的父亲以皇帝的身份名留青史。但是韦昭坚持认为孙和没有登基，不能算是皇帝，只能立"传"。孙皓由此怀恨在心，就以"不承用诏命，意不忠尽"的罪名将其杀死。

陈寿精读史书，对前辈史家的不幸遭遇了如指掌，如司马迁直言犯上而遭腐刑，班固私撰《汉书》而差点蒙受不白之冤等等。这些都是前车之鉴，不得不深以为戒。身处乱世，统治者猜忌凶残，做的又是容易惹祸招谤的写史之事，陈寿不得不有所戒惧。他明白，即便直书曹丕废汉献帝自立，司马氏弑杀高贵乡公曹髦等事，也于事无补，只会给自己带来杀身之祸，费尽心血写成的史书也会遭到禁毁的命运。与其这样，不如采取"曲笔"的方式。

为了弥补曲笔这一缺陷，陈寿费尽心思，采取各种方式来曲折地反映社会现实，表达其内心的隐衷，力图做到隐讳而不失实录。

如建安元年（196）汉献帝迁都许昌，本是曹操挟天子以令诸侯之举，陈寿不明写曹操的政治企图，这是隐讳。但写迁都而不称天子，却说董昭等劝太祖都许，这就是微词了。且又在《荀彧传》《董昭传》和《周瑜鲁肃吕蒙传·评》中揭露了当时的真实情况，使读者在阅读过程中能够得出自己的判断。

对于高贵乡公曹髦被杀一事，陈寿也颇费心思。他精心剪裁史料，对高贵乡公其人作了较全面的描写，把一个读书知礼、聪明好学的少年皇帝的形象呈现在读者面前。他写高贵乡公从小好学，学业早成。又提到齐王曹芳被废后，大臣们迎立曹髦为帝。曹髦到达玄武馆时，大臣们奏请他住到前殿。曹髦认为这是先帝住过的地方，避让到西厢房居住。群臣又奏请用皇帝的车驾来迎接他，也被他拒绝了。曹髦进入洛阳时，大臣们在西掖门南边迎接拜见，他下车准备回拜，接引他的人说："按照礼仪，皇帝不需要回拜。"他说："我还是臣子。"坚持答礼回拜。到了止车门，曹髦下车步行。左右随从的人说："过去皇帝都是乘车进去。"他说："我被皇太后征召，不知道要干什么！"于是步行到太极东堂，觐见太后。这一天在太极前殿举行登皇帝位的典礼，陪同参加这一仪式的百官都很高兴。一个年仅十五岁的孩子，心知要成为皇帝，既不浮躁，也不任人摆布，有自己的主张和原则。他心思缜密，在没有即位前，坚持恪守臣礼，大臣们也对他的年少知礼而感到欣喜。《三国志》中还记载了曹髦在即位当年，便学习处理朝政。他很重视读书讲学，经常与知名的学者研讨经学，时发高论，连当时的博士硕儒都为之折服。这样一位"才同陈思（曹植谥号陈思王），武类太祖（曹操）"的杰出少年，绝不是一般的少年人，无论如何也无法与他死后所谓的"太后令"中列举的种种劣迹相对应。这样一来，人们便会清楚地感到为何其言行前后判若两人，不难发现诬枉者的纰漏。

修史贵在实录，不虚美、不隐恶应该是史家恪守的准则。但也应当看到，除了涉及魏晋易代的敏感问题与当权人物之外，《三国志》整体上仍是翔实可信的。不必讳言陈寿的曲笔，但也不能因此而怀疑《三国志》的信史价值和陈寿的史德。

卓越的史识

一个优秀的史学家，除了要有丰厚的历史知识、娴熟的史学技巧，还必须对历史有敏锐的洞察力和判断力，才能写出被人们普遍接受且流传千古的历史著作。《三国志》中体现出的陈寿的史识，无疑是卓越的。他能够正视三国鼎立的史实，为三国各写专书，对三国历史人物的评价，也能做到中正公允，善恶必书。

（1）正视三国鼎立的史实

陈寿卓越的史识体现在他虽然由于各种原因，以曹魏为正统而以汉为蜀，但勇于打破当时史学界的陈规，正视三国鼎立的史实，为三国各写专书。

以曹魏为正统。《三国志》是以曹魏为正统的。《魏书》列在全书之首，称曹操、曹丕、曹叡等为帝。吴、蜀君主即位，都记明魏的年号，以明正朔所在。蜀汉君主刘备、刘禅分别称先主、后主；孙吴只有孙权称主，孙亮等都称名。陈寿为此备受指责，被认为背离了故国，贬低蜀汉的地位。陈寿此举，既有现实压力，也有行文方面的考虑。

陈寿身为晋臣而撰三国史事，不可能不受到现实的束缚与制约。何况他是由蜀入晋的，多少受到西晋官僚贵族的排挤与压制，其现实处境比较艰难，不能不谨慎小心，以免触犯了当权者的忌讳。晋朝受禅于曹魏，如果否认曹魏的正统地位，就是间接否认了西晋的合法性。为了给晋朝正名，必须以魏为正统。"史以纪实，大势所归，古人皆知之"，陈寿的做法，在当时并不足为奇，并不能说明其感情倾向。实际上，他并不承认蜀汉是"伪"国，在不少地方用隐晦而巧妙的笔法，寄托了对故国的爱恋。如魏文帝曹丕受禅时，刘廙、辛毗、华歆、刘若等人上表歌功颂德，又有李伏、许芝等人进献所谓"符瑞"之物，沸沸扬扬，陈寿一概不取，只用了七百余字简单加以交代。而刘备称王、称帝时，臣下请封之表、劝进之表、祭祀皇天后土的文字也有很多，陈寿大都加以保留并大书特书，明写刘备是承继汉统，具备天子之制，足见其用心之良苦。另外，陈寿对刘备父子称先主、后主，不同于对孙吴君主的称呼，也反映了陈寿的故国之思与感情倾向。

东晋史学家习凿齿指责陈寿背叛了蜀汉故国，他在编撰《汉晋春秋》（该书上起东汉光武帝刘秀，下至西晋，记载近三百年间的史事）时，叙述到三国历史，改以蜀汉为正统，曹魏为篡逆。北宋司马光在编写《资治通鉴》时，继承了陈寿的观点，仍以曹魏为正统。南宋理学家朱熹则同意习凿齿的看法，在编写《资治通鉴纲目》时又以蜀汉为正统。无论是习凿齿、朱熹的以蜀汉为正统还是司马光的以曹魏为正统，都是与现实政治紧密相连的。《四库全书总目提要》曾经就此评论道：其书（《三国志》）以魏为正统，至习凿齿作《汉晋春秋》，始立异议。自朱子（朱熹）以来，无不是凿齿而非寿。然以理而论，寿之谬万万无辞，以势而论，则凿齿帝汉顺而易，寿欲帝汉逆而难。盖凿齿时晋已南渡，其事有类乎蜀。为偏安者争正统，此孚于当代之论者也。寿则身为晋武之臣，而晋武承魏之统，伪魏是伪晋矣，其能行于当代哉！此犹宋太祖篡立近于魏，而北汉、南唐迹近于蜀，故北宋诸儒皆有所避而不伪魏。高宗以后偏安江左近于蜀，而中原魏地全入于金，故南宋诸儒乃纷纷起而帝蜀。其皆当论其世，未可以一格绳也。

这道出了陈寿的苦衷所在，他以曹魏为正统，实乃迫于现实压力。所谓的正统之争，都与当世的政治环境密切相连。东晋政权偏安江左，时势与蜀汉相仿，习凿齿就以蜀汉为正统。北宋政权上承五代，进而消灭割据诸国，情况又与西晋相同，所以包括司马光在内的很多北宋学者都以曹魏为正统。南宋偏安江南，与东晋相同，南宋统治者把金比作曹魏，把南宋比作蜀汉，所以朱熹又以蜀汉为正统。可见，每一种观念倾向都有其历史选择、民心向背、社会心理等具体内在的原因。陈寿以曹魏作为主要叙事中心，代表了那个时代对三国历史的阐释倾向。

以曹魏为正统，也是出于纪年的方便。陈寿著《三国志》，是要通过对三个割据政权的记述来反映东汉末年至西晋初年中国社会的历史面貌。三国君主在没有称帝建号之前，按例都用汉献帝年号。在时间上，曹魏建国紧承汉帝，蜀、吴却不与汉相连属（曹丕代汉是在 220 年，蜀、吴称帝建年号分别是在 221、222 年），中间出现了时间上的"断层"。如果以蜀汉为正统，以其系年纪事，就无法衔接这个历史时间上的"断层"。况且，蜀先于魏、吴灭亡，也无法以其系年纲纪自它灭亡之后的魏、吴史事。前不能接于东汉，后不能终于魏、吴。后来晋代魏，孙吴亡于晋。东汉—曹魏—西晋的时间链可以贯通整个三国历史发展的进程。因而，在魏、蜀、吴三国之中，只有采用曹魏的系年，才能使东汉末至西晋初的历史保持连续性。从客观事实看，三国之中，魏国的实力最强，军事力量和政治影响也最大，居于首要地位；从地理上看，曹魏三分天下有其二；从国力上看，曹魏的政治、经济、军事实力都远胜于蜀、吴二国。事实如此，陈寿秉笔直书也就没有什么过错了。

为三国各写专书。陈寿虽然以曹魏为正统，但不废吴、蜀，他正视三国鼎立的史实，为三国各写专书，开创了纪传体国别史的典范。

三国时期的一些史家，如《魏书》的作者王沈、《魏略》的作者鱼豢、《吴书》的作者韦昭等人，各从本国的立场或利益出发，或以曹氏为正统，蜀、吴为僭越；或以孙氏为中心，蜀、魏为附属，唯恐犯了当政者的忌讳，不可避免地出现存己废彼的现象，导致史事记载的偏缺不全。而对时人了解天下形势也造成很大障碍，很多中原士人就只知有魏而不知有蜀、吴。而魏、蜀、吴三国本是各自独立的政权，相互并不统属，强为一书，就无法反映这一历史事实。陈寿正视且尊重了这一历史现实，打破了旧的史学传统，为三国各写了专书，表明了它们各自为政，地位是平等的，可以说是迫于现实而对纪传体史书进行的创新。

《三国志》在目录的安排、内容的撰写等方面，体例都比较统一。《三国志》没有志、表，只有纪传，是纪传体国别史。因为以魏为正统，表面上只列魏帝为纪，而降蜀、吴二国的帝纪为传，但实际上仍是按帝王本纪的规格来写的，只是不称纪而已。从篇目的安排来看，三书也都比较一致，《魏书》在帝王本纪之后是后妃、大臣等的列传，而《蜀》《吴》二书，也是在君主之后，即为嫔妃、大臣等的列传。

此外，不同于传统史书只有一个叙事中心的特点，《三国志》兼有三个叙事中心：建立魏国的曹氏、建立蜀汉的刘氏和建立东吴的孙氏，三书名异而质同。陈寿用故国情思叙史，为魏、蜀、吴三方兼代主角角色，多顾及三国遗臣遗民们的思想感情。这突出表现在记载各方战事的胜败方面，双方交战，一方胜则在其书之相关纪传中详说具载；一方败则其书之相关纪传中略记乃至舍而不书。如记赤壁之战中孙刘联军破曹操一事，《蜀书·先主传》曰："先主遣诸葛亮自结于孙权，权遣周瑜、程普等水军数万，与先主并力，与曹公战于赤壁，大破之，焚其舟船。先主与吴水陆并进，追到南郡，时又疾疫，北军多死，曹公引归。"《吴书·吴主传》建安十三年（208）下曰："瑜、普为左右督，各领万人，与备俱进，遇于赤壁，大破曹公军，公烧其余船引退，士卒饥疫，死者大半。备、瑜等复追至南郡，曹公遂北还。"《魏书·武帝纪》建安十三年下仅存"公至赤壁，与备战，不利。于是大疫，吏士多死者，乃引军还"数语。另如街亭之战，《魏书·明帝纪》《魏书·张郃传》中都有详细记载，《蜀书·后主传》不书，《诸葛亮传》及《马谡传》虽然述及，也只是申明败因而已。

陈寿在三书的遣词用语方面也多有讲究，进行了精心考虑。如三国互称对方为"伪""贼"等，称对方对己方的军事行动为"寇"等等。

如此种种，都表明陈寿在史书撰写过程中思虑精密。他对三个国家实际上并无轩轾之分，身兼三角，代为立言，不仅使其史著高简爽洁，而且能满足三国遗臣遗民的情感需求。若把三书分而观之，魏人读《魏书》，蜀人读《蜀书》，吴人读《吴书》，都会备感亲切与快慰。若把三书合而观之，彼此短长相济，胜败互见，可通观魏、蜀、吴三个割据政权在同一历史时空下，既独立存在又相互联系的情况，自成一部完整的信史。这样处理，既符合当时实际情况，也足见他的卓识和创见。

（2）**客观中肯的人物评论**

陈寿卓越的史识，还体现在客观中肯的人物评论上。对历史人物，他力图作出史学家的客观分析，爱不虚美，恶不毁功，把感情与史事二者较好地统一起来。

尽管囿于处境，陈寿在写到魏晋人物和汉魏关系经常有所隐讳或用词较隐约，但记人叙事大体上能做到以史实为依据，不随意褒贬，尽量"爱而知其丑，憎而知其善"，体现了历史人物的复杂性。如对曹操、刘备、孙权这三位政治首领，陈寿将他们置于汉末天下大乱的政治舞台之上，客观地评价他们的历史功绩与胜败得失，明寓褒贬。

对于曹操，陈寿记述了他戎马倥偬、创业初成的一生，既突出了他的雄才大略、唯才是举、不畏豪强、赏罚严明等优点，也不讳言他的猜忌多疑、果于杀戮。在《魏书·武帝纪》中，多处有曹操率兵"屠"某地的记载，如献帝建安三年（198），曹操征吕布，"冬十月，屠彭城，获其相侯谐"；建安十九年春正月，"（夏侯）渊与诸将攻兴国，屠之"；同年"冬十月，屠枹罕，斩（宋）建，凉州平"；建安二十年，曹操率军征讨张鲁，"氐王窦茂众万余人，恃险不服，五月，公攻屠之"等等，显示了他的残忍横暴，比较全面地将这个"治世之

044

能臣，乱世之奸雄"的真实面貌记叙下来。

刘备是陈寿的故国君主，陈寿对他极为推崇，倍加赞扬，说他"弘毅宽厚，知人待士，盖有高祖（刘邦）之风、英雄之器"，对他白帝城托孤于诸葛亮而表现出来的"心神无贰"夸赞有加，认为这是"君臣之至公，古今之盛轨"。但也直言刘备的才干机略都比不上曹操，招揽到的人才、取得的成就不如曹操，因而蜀汉区域狭小。对他的霸道和心胸狭窄也有如实记载，如他曾因私怨而杀张裕就是典型例子。张裕原本为益州牧刘璋的下属，刘备入蜀与刘璋相会时，曾与张裕互相嘲弄，刘备取笑张裕胡须很多，张裕反嘲刘备没有胡须，戏称其为"潞涿君"（谐"露啄君"之音）。刘备怀恨在心。刘备取益州之后，张裕私下对人说，庚子年间（220）会改朝换代，壬寅（222）到癸卯（223），刘氏运气将尽。刘备攻汉中前，张裕说会出师不利，亦应验了。刘备本来就嫉恨张裕，又不满他散布谣言，就借口他的话没有应验，把他关入狱中。诸葛亮请刘备宽恕他，刘备说，兰花尽管芳香，但如果长在门前，也必须除去。于是杀了张裕，弃尸街头。尽管这种霸道行径不多，但足以使人看到，刘备存在着狭隘的一面。

对孙权，陈寿肯定他能建国于江南，成就一番霸业，是因为他能够屈身忍辱，重用人才，可称一代英杰。但也指出，孙权性格猜忌无常、果于杀戮，到晚年时更加严重，而晚年时宠幸谗佞小人，废嫡立庶，更是东吴衰败的开始。

对诸葛亮，陈寿更是摆脱了个人恩怨。他怀着崇敬的心情，对诸葛亮的高尚品德与功勋作了高度评价，通过"隆中对""说孙破曹""白帝城托孤""出师表"等事件，生动地叙写了这位蜀汉名相的高风亮节和"鞠躬尽瘁，死而后已"的奉献精神等等，使后人深受感染。《诸葛亮传》也成了脍炙人口的传记文学名篇。但也并不讳言诸葛亮的短处，如评价他"应变将略，非其所长"。其他如评价关羽、张飞，"关羽、张飞皆称万人之敌，为世虎臣。……并有国士之风，然羽刚而自矜，飞暴而无恩，以短取败，理数之常也"。都是中肯客观的评价。

陈寿能够为三国各写专书，客观公允地评价历史人物，都体现出其卓越的史识。但也略有不足之处，如评论缺乏深度，缺少自己独特的观点等等。清代学者刘咸炘就曾说，陈寿虽然有才学，但史识颇浅。不但赶不上司马迁、班固，较之范晔也略逊一筹。他举例说，司马迁的《史记》、班固的《汉书》、范晔的《后汉书》都有各自的著书宗旨，陈寿的《三国志》则没有。司马迁的史论，并没有定例；班固的史赞比较齐整，或详或略，各有用意；范晔的史论，虽然往往限于一人，文字过长，但每每能够借此以明义，有言外之意，含义深远。而陈寿的评论，只在曹操、曹丕及诸王列传、刘馥、桓阶等人的传记中论及大势，显示出他的史识。其余的人物评论，只有寥寥数语，虽然沿袭班固的体例，却显得更加支离破碎，而且评论多直少曲，多褒少贬；其褒贬之词又多照搬时人的看法，缺少自己突出独特的观点，也缺少委婉之词，称赞人时很像是碑文赞颂。这一评价，也还是比较中肯的。

陈寿的史才

一位优秀的史学家，仅仅掌握了丰厚的历史知识，是远远不够的，是否具有娴熟的史学技巧、深厚的叙事能力也是评判的标准之一。许多史书随着时间的流逝逐渐湮没在历史的尘埃中，一定程度上是由于作者史才不够，感染力不强所致。而从

《三国志》可以看出，陈寿的文笔简洁，取材精审，统筹合理，体现出他高超的叙事能力与娴熟的叙事技巧。

（1）文笔简洁

《三国志》的叙事，体现出了简洁质直的特点。我国古代的史学著作，多以简洁者为佳。唐代史学家刘知几就曾说："夫国史之美者，以叙事为工；而叙事之工者，以简要为主。"又说，史书如果能够做到"文约而事丰"，即文字简约而内容丰富，就达到极高的水平了。而"时无良史，记述烦杂"，却似乎成为魏晋史书的通病，王沈《魏书》、鱼豢《魏略》等，就被后人讥讽为"巨细毕书，芜累甚多"。跟他们相比，《三国志》最大的特点是简洁质直，特点十分鲜明。陈寿死后，尚书郎范頵就曾上表说："陈寿作《三国志》，辞多劝诫，明乎得失，有益风化，虽文艳不若相如，而质直过之。"刘勰在《文心雕龙·史传篇》中也说："魏代三雄，记传互出，《阳秋》《魏略》之属，《江表》《吴录》之类，或激抗难让，或疏阔寡要，惟陈寿之志，文质辨洽，荀、张比之迁，固非妄誉也。"就是说，那些同类史书不是立论偏激，根据不足，就是文笔疏阔，不得要领。只有陈寿的作品达到了内容与文字表述的统一。

《三国志》的文笔简洁体现在言简意赅，叙事得体，也就是所谓的"文质辨洽"。在描写一些典型人物时，陈寿大多着墨不多，却能够做到情态俱至，以很少的文字点化出历史情态、人物风貌。如《蜀书·先主传》中记载刘备屈居曹操处时，曹操论天下英雄一事：

> 先主（刘备）未出时，献帝舅车骑将军董承辞受帝衣带诏，当诛曹公。先主未发。是时曹公从容谓先

主曰："今天下英雄,唯使君与操耳。本初(袁绍字本初)之徒,不足数也。"先主方食,失匕箸。

刘备素有大志,因形势所迫,不得不屈居曹操处。他韬光养晦,竭力掩饰,以防被曹操暗害,结果仍被曹操说破,一时惊慌失措,以致"失匕箸"。这个细节描写,把刘备紧张的内心活动跃然纸上,是精彩的神来之笔。后来经罗贯中的铺陈发挥,成为后人所熟知的"曹操煮酒论英雄":

二人(刘备、曹操)对坐,开怀畅饮。酒至半酣,忽阴云漠漠,骤雨将至。从人遥指天外龙挂,操与玄德凭栏观之。操曰:"使君知龙之变化否?"玄德曰:"未知其详。"操曰:"龙能大能小,能升能隐;大则兴云吐雾,小则隐介藏形;升则飞腾于宇宙之间,隐则潜伏于波涛之内。方今春深,龙乘时变化,犹人得志而纵横四海。龙之为物,可比世之英雄。玄德久历四方,必知当世英雄。请试指言之。"玄德曰:"备肉眼安识英雄?"操曰:"休得过谦。"玄德曰:"备叨恩庇,得仕于朝。天下英雄,实有未知。"操曰:"既不识其面,亦闻其名。"玄德曰:"淮南袁术,兵粮足备,可为英雄?"操笑曰:"冢中枯骨,吾早晚必擒之!"玄德曰:"河北袁绍,四世三公,门多故吏;今虎踞冀州之地,部下能事者极多,可为英雄?"操笑曰:"袁绍色厉胆薄,好谋无断;干大事而惜身,见小利而忘命:非英雄也。"玄德曰:"有一人名称八俊,威镇九州:刘景升可为英雄?"操曰:"刘表虚名无实,非英雄也。"玄德曰:"有一人血气方刚,江东领袖——孙伯符乃英雄也?"操曰:"孙策藉父之名,非英雄也。"玄德曰:"益州刘季玉,可为英雄乎?"操曰:"刘璋虽系宗室,乃守户之犬耳,何足为英雄!"玄德曰:"如张绣、张鲁、韩遂等辈皆何如?"操鼓掌大笑曰:"此等碌碌小人,何足挂齿!"玄德曰:"舍此之外,备实不知。"操曰:"夫英雄者,胸怀大志,腹有良谋,有包藏宇宙之机,吞吐天地之志者也。"玄德曰:"谁能当之?"操以手指玄德,后自指,曰:"今天下英雄,惟使君与操耳!"玄德闻言,吃了一惊,手中所执匙箸,不觉落于地下。时正值天雨将至,雷声大作。玄德乃从容俯首拾箸曰:"一震之威,乃至于此。"操笑曰:"丈夫亦畏雷乎?"玄德曰:"圣人迅雷风烈必变,安得不畏?"将闻言失箸缘故,轻轻掩饰过了。操遂不疑玄德。

陈寿虽然追求简洁的艺术效果,但也有描述细致处。如《魏书·张辽传》中写曹魏名将张辽守合肥时与孙权之战:

太祖(曹操)既征孙权还,使辽与乐进、李典等将七千余人屯合肥。太祖征张鲁,教与护军薛悌,署函边曰"贼至乃发"。俄而权率十万众围合肥,乃共发教,教曰:"若孙权至者,张、李将军出战;乐将军守,护军勿得与战。"诸将皆疑。辽曰:"公远征在外,比救至,彼破我必矣。是以教指及其未合逆击之,折其盛势,以安众心,然后可守也。成败之机,在此一战,诸君何疑?"李典亦与辽同。于是辽夜募敢从之士,得八百人,椎牛飨将士,明日大战。平旦,辽披甲持戟,先登陷阵,杀数十人,斩二将,大呼自名,冲垒入,至权麾下。权大惊,众不知所为,走登高冢，以长戟自守。辽叱权下战，权不敢动，望见辽所将众少，乃聚围辽数重。辽左右麾围，直前急击，围开，辽将麾下数十人得出，余众号呼曰："将军弃我乎!"辽复返突围，拔出余众。权人马皆披靡，无敢当者。自旦战至日中，吴人夺气，还修守备，众心乃安，诸将咸服。权守合肥十余日，城不可拔，乃引退。辽率诸军追击，几复获权。太祖大壮辽，拜征东将军。建安二十一年，太祖复征孙权，到合肥，循行辽战处，叹息者良久。

从现代眼光看，这已经是一篇叙事完整的散文或微型小说，短短五百字，蕴声色于质朴中。先叙屯守合肥之原因，写曹操之密函，铺设悬念。然后写发函而疑，突出张辽的果断。继而写作战前奏。然后浓墨重彩叙述两军交战场面，张辽以八百军士对战孙权十万大军，张辽冲锋自呼，孙权大惊失措；张辽突围复返，孙权人马披靡，节奏鲜明。最后写交战结果，吴军气夺，合肥得以保全。末尾之补叙最见匠心：曹操再次征孙权时，巡行当初张辽战孙权的战场，"叹息者良久"，张辽之勇烈、交战之激烈自然显现。

（2）**取材精审**

陈寿在材料的取舍上也十分严慎。对于可供参考的大量传闻，他并不盲目信从，而是精心筛选，在弄清史实的基础上才下笔撰写。对于一些虚妄、荒诞的材料，毫不手软加以摒弃。

如刘备、诸葛亮初次相见之事，《三国志·蜀书·诸葛亮传》及《魏略》《九州春秋》等书中都有记载，但谁先拜见谁，两者叙述却截然相反。《魏略》《九州春秋》中都记载的是诸葛亮主动前去拜见刘备，刘备未闻其名，又见他很年轻，并不看重他。诸葛亮采取激将法，又说以实荆州人户事，才让刘备另眼相看。陈寿没有采纳这些材料，而是根据诸葛亮《出师表》中"先帝不以臣卑鄙，猥自枉屈，三顾臣于草庐之中"的自述，写正当刘备绞尽脑汁，为寻访贤才而发愁的时候，听到徐庶"诸葛孔明者，卧龙也，将军岂愿见之乎"的话，便急不可待地催促徐庶："君与俱来！"徐庶告诉刘备："此人可就见，不可屈致也。"刘备听后，当即与关羽、张飞等人赶往诸葛亮所居的隆中草庐，开始还吃了闭门羹，"前后凡三往，乃见"。塑造了一个求贤若渴、礼贤下士的贤主形象。

关于后主刘禅年少时的经历，也有不同版本。陈寿在《蜀书·后主传》中记载，建安二十四年（219）刘备称汉中王，立刘禅为王太子。章武元年（221）称帝，立其为皇太子。章武三年刘备去世，刘禅即帝位，时年十七岁。而鱼豢《魏略》中则是另外一个版本，书中记载，刘备在小沛（今江苏沛县东）时，曹操率军突然杀到。仓皇之中，刘备丢下家眷逃跑，后来辗转到了荆州。刘禅当时已有几岁大了，年幼的他偷偷躲起来，跟着逃难的乡民到了汉中，不想却被贩卖。建安十六年（211）时，被一个扶风人（今陕西省宝鸡市扶风县）刘括买去，将其收为养子。过了十数年，刘括为他娶了妻子，还生了一个儿子。当初刘禅与刘备失散时，记得他父亲字玄德。刘备有个姓简的下属，刘备入蜀之后，被封为将军。有一次，他受命到汉中会晤张鲁，刘禅前去拜访。简将军仔细询问后，发现每件事都很符合，立即派人将其送至成都，父子团聚，后被立为太子。

这段记载时间、地点、人物俱备，看起来很真实，但是经不住推敲。因为在刘禅即位的第二年（建兴元年，223），诸葛亮在给杜微的信中有"朝廷今年始十八"的话，正与《后主传》中刘禅十七岁即位的记载相符。追溯起来，他应生于建安十二年（207），当时正是刘备在荆州之时。刘禅为刘备之甘夫人所生，《蜀书·先主甘皇后传》明确记载甘夫人随刘备在荆州生下刘禅。而据《蜀书·赵云传》中的记载，建安十三年（208），曹操率军南下荆州，刘备败于当阳长坂，赵云身抱婴孩刘禅，又保护其母甘夫人，俱得免难，与刘备相聚。刘禅未曾与刘备相失，年龄也相符。如果按照《魏略》中的记载，刘备败于小沛在建安五年（200），如果这时刘禅已经"数岁"，那么到他即位的建兴元年，应该在三十岁左右。这与诸葛亮所说的刘禅的年龄不符，又与赵云在长坂坡保护刘禅母子的事情不合，显然是虚构之词。所以陈寿不取。

另外如孙策之死，《搜神记》中说孙策死于道士于吉之祟。当初，孙策以"蛊惑人心"的罪名杀了于吉。此后，每一独坐，都感到于吉好像就在左右，心中恼火。后来孙策被仇人的门客所伤，面部中箭，医生叮嘱要好好休养。箭伤刚有起色时，孙策引镜自照，又见于吉立在镜中，回头看时，却不见人，如是再三。孙策摔破镜子，奋力大吼，伤口崩裂而死。这段记载故事性很强，充满民间趣味，在《三国演义》中被衍化成一章。但缺乏科学依据，也被陈寿舍弃，只记孙策为许贡的刺客所击杀。这些都反映了他对史实认真考订，慎重选择的态度。

对于选录到各纪传中的文章，陈寿也有严格的选择标准，即"择其切世大事著于篇"。被收录的文章，大多都有其独特价值与意义，如诸葛亮的《出师表》、曹植的《求自试表》《通亲亲表》、陆凯谏孙皓的《二十事疏》以及杜恕、高堂隆等人的长篇上书等等，或有劝惩功能，或有历史意义，或有文学价值。而对于一些没有价值的"秽累"文章，则毫不犹豫地不予采纳。这类做法都使得《三国志》显得简洁干净。

在材料的剪裁上，陈寿也颇费功夫，很少重复之处。已见于一书的，另外两书则不重复出现，传记与传记之间也不重复。详彼略此，避免了行文重复拖沓。如《魏书·武帝纪》中写建安十六年（211）关中诸将马超、韩遂等人起兵反曹操，曹操率领大军征破的事情，记载详细，长达七百余字。到《魏书·董卓传》中写到此事时，仅用了二十二个字："十六年，超与关中诸将及遂等反，太祖征破之。语在《武纪》。"叙事非常简洁。

（3）统筹合理

《三国志》的体例布局，也颇具匠心。其体例严密，统筹合理。对所载三国史事的年代断限，陈寿打破常规，将其上限上溯了将近四十年，更加全面而客观地展示了历史面貌。

《三国志》是一部断代史，如果严格按朝代起讫为准，应该只记录三国时期的历史。三国的建立和灭亡，各不相同。魏国建立最早，曹丕称帝在220年。第二年（221），刘备建立蜀汉。第三年（222），孙权建立吴国。三国中，蜀汉先亡，263年被魏国吞并；两年后（265），西晋代魏，魏亡；最后灭亡的是吴国，280年为晋所灭。如果从魏国建立算起，到吴国的灭亡，三国时期是整整六十年（220~280）。

但陈寿在撰写《三国志》时，并非严格以三国兴亡的年代为标准，而是叙述了自黄巾大起义（184）至晋灭吴（280）近百年的史事。这样的处理，是经过精心考虑的。三国的形成，实际上是从汉灵帝中平元年（184）黄巾大起义开始的。因为这次农民大起义从根本上瓦解了东汉王朝，使它分崩离析，名存实亡。黄巾大起义之后，继之而起的是军阀割据，三国的创始人——魏国的曹操、曹丕父子，蜀国的刘备君臣，吴国的孙权兄弟等，都是从这个时候发展壮大起来的。汉献帝建安五年（200），曹操、袁绍之间进行了官渡之战，曹操以少胜多，从此脱颖而出，逐渐统一了北方。建安十三年，南北军事势力进行了赤壁之战，孙权、刘备联军战胜了曹操，三国鼎立的政治局面形成。虽然到十三年之后，曹丕才正式称帝，建立魏国，然后刘备、孙权也分别建立自己的政权，但实际上在这之前，曹、刘、孙三家政权早就存在了。特别是曹氏政权，从建安元年（196）曹操迎天子迁都许昌起，汉献帝就成为曹操控制下的傀儡，所谓"挟天子以令诸侯"，政权完全掌握在曹操手中。可见，三国时期的历史，并非从曹丕建立魏国才开始的，早在黄巾大起义后就启其端了。陈寿充分考虑到这个历史情况，所以将记载年限上溯了将近四十年。

凭借高超的统筹能力，陈寿对百年间的史事进行了精心安排，形成了密针缝制的结构格局。他首先以曹魏几位君主的纪传提挈这一时期历史上的大事，又分立魏、蜀、吴三书来叙述三国鼎立的开端、发展和结束。从黄巾农民起义的兴亡、董卓和群雄的纷起写到官渡之战后曹操"天下莫敌"，赤壁之战后三国鼎立局面形成，夷陵之战后蜀吴长期合作和蜀魏长期对立；然后写到魏明帝传位婴儿以至曹爽的失败是魏晋替兴的转折，诸葛亮之死成为蜀汉政治变化的标志，孙权晚年猜忌好杀戮成为东吴败亡的开端。通过这样的安排，陈寿于纷繁复杂的历史局面中梳理出清晰的脉络，勾勒出三国历史的完整框架。

而在《魏》《蜀》《吴》三书中，又分别对各国史事进行了描写，为历史的框架添补上血肉。

《魏书》三十卷中，首列《武帝纪》以记曹操的功业。因为曹操虽未称帝，但他是魏国的奠基者与创建者，所以列于帝纪之首；接着在记帝、后妃及汉末诸雄之后，写《诸夏侯曹传》和《荀彧荀攸贾诩传》。夏侯氏和曹氏是魏宗亲近臣，他们的盛衰是曹魏盛衰的一面镜子。荀彧、荀攸是曹魏军国大计的重要谋划人物。此外二十卷分别记载了曹魏的宗王、谋臣、将帅、循良、文学、清名、叛臣、方技和边族。

《蜀书》十五卷、《吴书》二十卷中，在刘备、孙权之前，列刘二牧（刘焉、刘璋）和孙坚、孙策之传，以表示其承接关系。然后都分别写了文臣、武将、忠良、清名、文学和术数等。《蜀书》着重写刘备和诸葛亮，对诸葛亮的事迹尤其浓墨重彩。在《诸葛亮传》中，通过隆中对、说孙破曹、永安托孤、北伐曹魏等一系列事件来概括诸葛亮的一生事业，而在关羽、董和、董允、廖立、李严、蒋琬、姜维以及其他各传中侧面加强诸葛亮的政治威信和政治影响。《吴书》着重写了吴国的创业之君孙策和孙权，也着重写了江东主持军国大计的重臣周瑜、鲁肃、吕蒙和陆逊。

可见，《三国志》虽然在外表上类似于人物传记汇编，实际上自有一个密针缝制的局度，体现出陈寿高超的统筹能力。

（4）美中不足

所谓"白璧微瑕"，《三国志》也有一定的缺陷，即过分简略，甚至有所遗漏，对"简洁"的追求又使其显得文采不足。

《三国志》内容比较丰富，涉及政治、军事、经济、文化、科技等各个方面，但以三十六万字的篇幅来囊括近百年间的史事，有些勉为其难，在各方面论述都大有漏失。对三国一些重要的历史人事，或语焉不详，或有所遗漏。

　　对一些重要历史事件，记载过于简略。如关于对三国历史影响极大的赤壁之战，陈寿的记载就不够完整、全面，相关材料分散于《魏书·武帝纪》《蜀书·先主传》《蜀书·诸葛亮传》《吴书·吴主传》《吴书·周瑜传》《吴书·鲁肃传》等不同人物的传记中，每一篇的记载都不够完整具体（《周瑜传》稍好一些）。当时人的若干记载，他都未能采用。这就使读者难以充分了解赤壁之战的全貌，给后人留下了一些遗憾乃至疑问。

　　一些重要的历史人物，陈寿也忽略或遗漏了。三国时期，群英荟萃，人才辈出。《三国志》记载了大量的历史人物，使他们的事迹得以流传，但仍有所漏失。如屯田制的倡议者枣祗的事迹被遗漏，就是一例。屯田制，是指利用士兵和农民垦种荒地，以取得军队供养和税粮的一种制度。东汉末年，战争连年不断，社会生产力遭到极大破坏，土地荒芜，人口锐减，粮食短缺，形成了严重的社会问题。建安元年（196），曹操采纳枣祗、韩浩的建议，在许都（今河南许昌）附近进行屯田。其成效非常显著，当年就收获谷物百万斛，既保障了军粮的来源，也缓解了社会矛盾。屯田制度的实行，不但对安置流民、开垦荒地，恢复农业生产发挥了重要的作用，还使曹操能够在东汉末年的乱世中迅速强大起来，为其战胜其他割据军阀、统一北方创造了物质条件。屯田制的推行，枣祗功不可没。而且他早年跟随曹操南征北战曾立下不少汗马功劳，在他死后，曹操下令加以褒奖。但陈寿没有给他立传，只是在《武帝纪》和《任峻传》中简略地提了一下。另外像医学领域的张仲景，他跟华佗同时而齐名天下，陈寿给华佗立传却忽略了张仲景。科技领域的马钧，被时人称为"天下之名巧"。他改革织绫机，造指南车、翻水车等等，"其巧百倍于常"，对当时生产力的发展起到了很大的推动作用，也没有传记。而科技发明、医学、卜算等等，都被写入"方技传"中，显示出一种歧视。

对于中原地区周围的一些少数民族的情况，《三国志》中有一些专传或附传，但过于简略。仅有记载东北地区少数民族情况的《乌丸鲜卑传》，其他如西北地区的氐、羌、西域诸国，孙吴境内的山越、蜀汉境内的南中等少数民族，相关事迹颇多，但陈寿都没有立传。这使后人对三国时期少数民族的历史知之甚少，成为一种遗憾。

另外，全书只有纪和传，而无志和表，也是一大缺欠。志是记载典章制度的，与后世的专门科学史相近。表是各个历史时期的简单大事记，是全书叙事的联络和补充。纪传体史书中，通史性质的《史记》和断代史性质的《汉书》都是有"志"和"表"的。作为国别史的《三国志》如果也具备"志"和"表"的内容，当然就更加完善了。陈寿为什么没有写"志""表"，尤其是"志"，在书中没有作出交代，原因不得而知。有人认为是出于畏难，因为写志需要具备天文、历法、地理、职官等各项专门知识。这种说法因为没有根据，所以不能贸然下结论。一般认为，陈寿主要是因为材料不易收集，又没有现成成果可供凭借，只好付诸阙如。

而《三国志》过于简略的原因，大概有这样几个方面：

一是材料不足。所谓巧妇难为无米之炊，陈寿撰写三国史事，史料的来源不够丰富，尤其是蜀汉历史，蜀不设史官，没有现成的材料可供参考，一切都要靠陈寿自己从头开始做，困难重重。陈寿将一些零散篇卷也收录进去，方凑够十五卷之数。

十五卷书中，有的篇卷标点本仅二三页纸，内容很是单薄。

二是受制于现实政治环境。《三国志》在当时属于现代史，很多事是耳闻目睹的，比较真切。但也因为这个原因，很多史料还没有被披露出来。又兼私人修史，可以查阅到的国家级档案文献较少。统治者凶残猜忌，撰写史书有很大的政治风险，恐犯当权者忌讳，褒贬亦很难做到完全公允。这些都给材料的选用和直笔修史带来了一定的困难。

过于追求简洁的艺术效果，使得很多地方只剩下框架，历史事件不够生动，人物形象不够丰满，显得文采不足。总的来讲，《三国志》叙事不如《史记》生动传神，尤其是一部分人物传记，写得过于简略、平板，只是略记了人物做过的几件事，粗粗勾勒，浅尝辄止，缺乏具体的行动、言谈、神情的描写，个性不突出。如《魏书·文帝本纪》《吴书·吴主传》等，大部分篇幅都是按照年月次序，简单记录了一些诏令、文告、任命之类，魏文帝曹丕、吴主孙权等人的神采风貌都未能显现出来。三国时期群雄争霸，人才辈出，人物事迹之丰富、跌宕性不逊于秦汉之际。司马迁《史记》为秦汉人物作传，文采跌宕，声色百倍。《三国志》则质朴无华，人物的色彩也黯淡许多，缺乏充沛的艺术感召力。

但总的来看，陈寿仍不愧为一位出色的史学家，在浩如烟海的史书中，《三国志》自有其独特的风格。它记载魏、蜀、吴三国的历史，将三个鼎立政权的始末，展示得比较系统。思路清楚，言简意赅，文字自然、质朴、通俗、精练，不堆砌材料而生动有致，不铺张演述而娓娓动听。叙事得体，取材谨严，论人公允，既有补于当世，也影响于后代。人们之所以喜爱和熟悉三国史实，与《三国志》有以上优点和肇始传播之功，诱致感染之力，绝非没有关系。

三、陈寿的思想

鉴戒思想

受"经世致用"的传统思想影响，陈寿对治理之道颇为用心，具有较高的参政热情和关心国运民瘼的淑世精神。对历史的深刻信仰和对现实的深刻关切，在中国人的意识形态里，从来都是无法截然分开的，"经世""垂鉴"本来就是传统历史思想的精义所在。陈寿进行《三国志》的著述，在很大程度上是服务于匡君正世、经世致用这一宗旨的。他的最终目的，是要从东汉末年到西晋初年近百年间纷繁复杂的历史事件中，探索和总结王朝治乱兴衰、国家分裂统一的历史经验和教训，回答历史和现实提出的一系列重大问题，寻求长治久安的大计，达到劝世目的。因而，在《三国志》中，时时可见陈寿"鉴戒"思想的痕迹。

基于鉴戒与劝世的目的，行文简略的《三国志》收录了大量有关军国大计、行政方略、世道人心等方面的令文、奏疏，或对君主进行劝诫，或探寻国家得失之计。三国时期的君主，多有因荒淫好色、暴虐无道而导致民怨沸腾、国是日非的，如魏明帝曹叡、吴末帝孙皓等。陈寿收录了大量相关奏疏，想以此对当世统治者进行劝谏。

魏明帝曹叡即位初始，尚表现得很勤勉。后来诸葛亮去世，蜀汉一时没有大规模的北伐行动，曹叡便放松下来，生活上日益骄奢淫逸。他大兴土木，在洛阳、许昌两地建宫殿，筑园池。为此，他征调了大量民夫，甚至让文武百官都参与其中，上自公卿，下至仆妾，都要亲自担土挑石。百姓劳役繁重，农桑尽失，怨声四起。他还常常外出狩猎，圈起的皇家猎场方圆数百里，禁止百姓入内打猎、砍柴，如有犯者，必处以重刑。如此种种，使得人心背离，民怨沸腾。大臣们数次上书力陈其弊，《魏书》中的《陈群传》《高柔传》《辛毗传》《杨阜传》《高堂隆传》等，都收录了不少劝诫魏明帝的奏疏。如高柔上书劝谏说：二虏（指吴、蜀二国）狡猾，潜自讲肄，谋动干戈，未图束手。宜畜养将士，缮治甲兵，以逸待之，而顷兴造殿舍，上下劳扰；若使吴、蜀知人虚实，通谋并势，复俱送死，甚不易也。昔汉文惜十家之资，不营小台之娱；去病虑匈奴之害，不遑治第之事。况今所损者非惟百金之费，所忧者非徒北狄之患乎？可粗成见所营立，以充朝宴之仪。乞罢作者，使得就农。

曹叡还十分好色，四处掠夺美女以充实后宫。他任命的嫔妃宫女的官职多达数千，与朝廷官职数目相差无几。吴国末帝孙皓更是有过之而无不及，后宫美女已经有几千人，他还嫌不够，继续派人走遍各州各郡，物色十五岁以上的美女，挑剩的才能嫁人。如果挑来的不合己意，就将其杀掉，扔进事先导引入宫的河里冲走。

针对这些帝王的好色误国，陈寿在《魏书·后妃传》中说："《春秋》云天子十二女，诸侯九女，考之情理，不易之典也。而末世奢纵，肆其侈欲，至使男女怨旷，感动和气，惟色是崇，不本淑懿，故风教陵迟而大纲毁泯，岂不惜哉！有国有家者，其可以永鉴矣！"指出君王的奢侈纵欲之风，只会给国家带来不幸，使"风教陵迟而大纲毁泯"，后世统治者应以此为鉴，以免重蹈覆辙。

这些内容无疑是有现实针砭意义的，因为西晋的开国皇帝武帝司马炎也是一个荒淫的君主，他在灭吴后放松了警惕，沉溺于酒色之中。他曾经一次就选了东吴的伎妾五千人入宫，在他统治的中后期，后宫佳丽人数竟超出万人之多。因为女色太多，难分专宠，他便经常乘坐用羊拉的小车，在宫中随意行走。羊车走到哪里，他就留宿在哪个宫中。宫女们为了得到宠幸，竟相把竹叶插在门口，在地上洒上盐水，以吸引司马炎的羊车停驻。这样的经常"日事游宴"，当然就"怠于政事"。上梁不正下梁歪，整个朝廷文恬武嬉，奢侈无度，沉迷在纵欲之风中。衰亡之征，已露端倪。

陈寿还通过相关奏章、令文等来探寻国家得失之计。如《魏书·曹植传》中，收录了曹植的四篇奏表，即《上责躬诗表》《求自试表》《求通亲亲表》《陈审举表》，这几篇奏表篇幅都不短，是曹植在其兄曹丕的严厉管制时期写出来的。陈寿引用这些奏表，目的在于揭示当时魏国对诸王实行的不近人情的严厉法令，分析曹魏衰亡的原因，他说："魏氏王公，既徒有国土之名，而无社稷之实，又禁防壅隔，同于囹圄；位号靡定，大小岁易；骨肉之恩乖，《棠棣》之义废；为法之弊，一至于此乎！"意思是说，魏国的王公，徒有封王的虚名，而没有社稷的实质。朝廷又对他们设置禁律，严加防范，使他们和外界隔绝，跟处在监牢里没有什么两样。给他们的爵位名号也不固定，或大或小，年年都要变换。这种做法背离了骨肉亲情，也废弃了《棠棣》（《诗经·小雅》有《棠棣》一诗，申述兄弟应该互相友爱，后以棠棣指兄弟情谊）所宣扬的道理。制定法令的弊端，竟然到了这样的地步！

人事思想

三国是一个分裂动荡的历史时期，各种政治势力的消长，主要表现为人的作用。客观的历史过程促使陈寿从人事的角度来思考历史演变的动因，这体现在对人谋的突出强调上。在陈寿看来，种种纷繁复杂的政治、军事之争，实际上是人的智慧与谋略之争。

《三国志》中，诸葛亮论及曹操和袁绍这两大集团时曾经说过："曹操比于袁绍，则名微而众寡，然操遂能克绍，以弱为强者，非惟天时，抑亦人谋也。"这不但是诸葛亮的看法，也是陈寿的观点。他认为，曹操依靠"人谋"而取得成功，具体包括几个方面：一是采纳谋士董昭的建议，挟天子以令诸侯，取得了政治上的巨大优势；二是采纳任峻的意见，"修耕织以兴军资"，取得了经济上的领先；三是采纳荀彧的意见，与袁绍在官渡进行战略决战，以少胜多；四是采纳郭嘉的意见，发动对乌桓的战争，一举荡平了袁氏残余势力，取得了对袁作战的彻底胜利。在东汉末年的群雄中，曹操的势力开始并不占优势，但依靠"人谋"，他在群雄角逐中逐渐强大，逐渐统一北方，成就了一番功业。"人谋"是他取得成功的主要因素。

与此相反，益州刺史刘璋最终失掉益州主要失于"人谋"。刘璋继其父刘焉之后任益州刺史，史书合父子二人为"刘二牧"。东汉末年，天下纷乱，益州乃天府之土，民殷国富，兵精粮足，足以自守，如果励精图治，足以成就霸业。但刘璋性宽乐而无威略，只想保境自守，没有雄图大略。保据益州，坐观天下，是刘璋的父亲刘焉定下的方针。刘焉死后，刘璋基本遵循其父的"坐保"政策。在一定意义上，"坐保"有它的合理性，如可以避免自身力量在纷争之中作无谓的消耗。然而，在汉末割据兼并的时代，满足于"自保"，没有远大的目标与积极的行动，最终只能做案板上待宰的鱼肉，公孙瓒、刘表等军阀就是典型的例子。相反的例子则有曹操统一北方、孙权鼎立江东等。刘璋的"坐保"，导致了他行动的保守和落后。当刘备处心积虑谋夺益州时，刘璋还茫然不知。建安十六年（211）曹操伐汉中，刘璋怕威胁到自己，遂迎刘备入蜀以拒曹，结果在外来的刘备面前反主为客，处处被动，处处被欺，最终将益州拱手让人，葬送了一代基业。可以说，刘璋失益州主要是失于"人谋"。

陈寿尤其强调杰出人物在历史上的作用，体现出"英雄书写历史"的英雄史观。三国时期英雄辈出，具有强烈的人格魅力。武将能征惯战，超群绝伦；智士谋略盖世，算无遗策。文武双全的英雄也比比皆是，如曹操、刘备、孙权，都是人杰枭雄，能文能武。可以说三国时代是英雄用武的时代，也是发展智慧和斗争智谋的时代，从三国历史的演进中，陈寿看到了杰出人物对于天下治理起到的重要作用。他爱把人物的才干智略作为事业成败的重要甚至唯一原因，他认为三国的开国君主是具有这种素质的。东汉末年，天下大乱，群雄并起，袁绍、袁术、刘表、张绣、张鲁、刘璋等各据一方，争霸天下。在这些割据的军阀中，曹操的势力本来是最弱小的，但他"运筹演谋，鞭挞宇内，揽申、商之法术，该韩、白之奇策"，最终在群雄争霸中脱颖而出，统一北方，奠定了曹魏政权的基础。陈寿认为，曹操之所以能够掌握国家大权，成就一番伟业，"惟其明略最优也"，就是说，是跟他明察秋毫、谋略出众分不开的。蜀汉方面，刘备虽然雄才大略不及曹操，但"弘毅宽厚，知人待士"，以其人格魅力团结了一大批人才在他周围，尤其是与诸葛亮君臣相得，无异于风云际会，举国托孤而心神无二，"诚君臣之至公，古今之盛轨也"，从而使蜀汉政权鼎立于一方。孙吴方面，孙坚、孙策、孙权父子三人一脉相承，最终能够割据江东，确立基业。孙坚勇武刚毅，孙策"英气杰济，猛锐冠世"，并且善于用人，士民多乐于为其所用，孙权"屈身忍辱，任才尚计"，因而能够保住父兄的基业，鼎立于江东。正是由于三国的开国君主都具有超乎常人的雄才大略，所以才能够于乱世纷争之中崛起，建立自己的基业，从而影响整个中国历史的发展进程。

民本思想

陈寿重视人谋，有时还过于强调英雄个体在历史上的作用，但也有较强的民本思想。在《三国志》中，他多次强调"民"对于治理国家、巩固政权的重要性，认为"民"是国家的根本，国家的兴亡在很大程度上取决于民心向背。在书中，陈寿用了很多笔墨来载述有关史事，反复阐扬这一至理。

陈寿强调治国要以民为本。在《吴书·陆逊传》中，陈寿借陆逊之口指出："国以民为本，强由民力，财由民出。夫民殷国弱，民瘠国强者，未之有也。故为国者，得民则治，失之则乱。"在《吴书·陆凯传》中，陈寿引录陆凯的上书强调："民者，国之根也，诚宜重其食，爱其命。民安则君安，民乐则君乐。"同样出于强调"民生"的目的，以简洁为尚的《三国志》收录了大量相关奏疏。如《吴书·骆统传》中，陈寿先是点明骆统文章较多，不能一一收录，却又全文收录了他的一篇奏疏。这篇奏疏是针对孙权统治时期"征役繁数，差以疫疠，民户损耗"的情况，申明"财需民力，强赖民力，威恃民势，福由民殖，德俟民茂，义以民行，六者既备，然后应天受祚，保族宜邦"的，几乎占去了全传文字的大半。追求简洁的陈寿如此不吝笔墨，主要是因为其中蕴含了较强的民本思想。

陈寿同情民众痛苦，他尖锐地抨击那些残民以逞的行为，于简略的文笔中体现出强烈的感情。汉末三国时期，天下大乱，战乱频仍，百姓流离失所，遭受了巨大的苦难，而军阀的暴虐更加剧了百姓的痛苦。灵帝死后，大将军何进和司隶校尉袁绍合谋诛杀宦官，不顾朝臣反对，私召董卓入京。董卓率军初次进兵洛阳时，见城中贵族府第连绵，家家殷实，金帛财产无数，便放纵手下士兵，在洛阳城内大肆剽虏财物，淫掠妇女，称之为"搜牢"，把整个洛阳城闹得鸡犬不宁。他还经常派遣手下士兵四处劫掠，残暴百姓。汉献帝初平元年（190）二月，董卓部属的羌兵在阳城（今河南登封东南）抢劫正在乡社集会的老百姓。士兵把正在祭社的男子全部杀死，凶残地割下他们的头颅，血淋淋地排在车辕上，令人触目惊心，还趁机掳走了大批妇女和大量财物。回到洛阳后，把头颅集中起来加以焚烧，上报说这是剿杀的贼人，把妇女赏赐给士兵为婢妾。董卓的种种暴行，引起了人民的强烈憎恨。而其部将李傕等人也极为凶残，当时京都洛阳附近比较富庶，尚有数十万民户，李傕等放任兵卒烧杀抢掠，百姓饥困不堪，两年内相食殆尽。对于这些，陈寿极为痛恨，直接批评董卓"其凶逆如此！""狼戾贼忍，暴虐不仁，自书契已来，殆未之有也！"董卓被杀后，"长安士庶咸相庆贺"。通过这种前后的对比来说明董卓集团覆亡的深层原因在于大失民心。

对于那些暴虐之君，陈寿也毫不宽假。东吴末帝孙皓残暴荒淫，"忠谏者诛，谄谀者进，虐用其民，穷淫极侈"。有一次，他的宠妾派人到市场抢夺百姓财物。一个叫陈声的大臣负责审理此案，他明知嫌犯是孙皓的爱妾所指使，但还是将其绳之以法。宠妾向孙皓哭诉，孙皓就找了个名目将陈声逮捕，用烧红的锯齿，锯断了他的头颅，然后把尸身从山上丢了下去。有个叫王蕃的大臣，命运更加悲惨。此人高风亮节，不善逢迎。有一次孙皓宴客，王蕃喝醉了趴在地上。孙皓怀疑他装醉，派人送他出去，不久又故意召他回来。王蕃回来时神态庄严，毫无醉意，孙皓大怒，当场下令杀了他，同时命亲信像狼虎一样，争抢啃食王蕃的头颅，一颗头抛抛滚滚，血肉模糊，不成头形。孙皓经常在宫中大摆筵席，宴请群臣。他规定大家不醉不散，孙皓在宴客会场安排十名黄门郎，看在座官员有没有什么过失。例如讲错话、正眼直视孙皓等等，都是过失，必须受罚，小错治罪，大错处死。剥脸皮、挖眼睛、砍双足等刑罚，都是孙皓常用的酷刑。在历陈了孙皓的种种暴虐行为后，陈寿评价说：

> （孙）皓之淫刑所滥，陨毙流黜者，盖不可胜数。是以群下人人惴恐，皆日日以冀，朝不谋夕。其荧惑、巫祝，交致祥瑞，以为至急。……（孙）皓凶顽，肆行残暴，忠谏者诛，谗谀者进，虐用其民，穷淫极侈，宜腰首分离，以谢百姓。既蒙不死之诏，复加归命之宠，岂非旷荡之恩，过厚之泽也哉！

他认为像孙皓这种暴君，不但不应该做国君，还应杀掉以谢天下百姓。投降晋朝之后不但没被杀，反而被封侯，实在是太便宜他了。感情强烈，体现出陈寿浓烈的爱民思想。

而只要是爱民、恤民，对百姓有利的行为，陈寿总是加以肯定。如以仅见的笔墨篇章和生动感人的史事记叙了诸葛亮的治民业绩。他将诸葛亮治蜀，视为封建政治的最高典范，盛赞诸葛亮有"理民之干"，并载录了蜀人对诸葛亮的爱戴与赞颂，认为"虽《甘棠》之咏召公，郑人之歌子产，无以远譬也"。感情可谓浓烈。除了这些浓墨重彩的特写之外，对于那些安民、轻刑、薄赋、为民兴利除害的地方官吏的言论行事，也尽可能搜罗，给予充分表彰和肯定。

天命思想

陈寿虽然突出强调人的智慧与谋略，但在一定程度上，还受到古代天命思想的影响。

天命思想是中国古代的一种历史哲学思想，认为上天有至高无上的权威，主宰着人间的一切。帝王是受命于天来统治人民的，因此帝王言行的善恶与政治得失能上感于天，恶行者亡，善行者昌。各种天象变异及水、旱、地震等灾害，或生物变异如嘉禾、芝草等等，都是上天对人间帝王及臣民发出的警语。陈寿接受天命论的观点，承认天有意志，并用以解释一些重大的历史变局。

陈寿笔下，魏、蜀、吴三国的立国都与"天命"有关，认为王者之兴，受之于天，体现出"君权神授"的思想。如曹魏的兴起与曹丕代汉，都体现了天命。《魏书·武帝纪》中在记建安五年（200）官渡之战后，有一段文字："初，桓帝时有黄星见于楚、宋之分，辽东殷馗善天文，言后五十岁当有真人起于梁、沛之间，其锋不可当。至是五十年，而公破绍，天下莫敌矣。"意思是说，当初汉桓帝时，有黄星出现在楚、宋的分界处（古人有分野之说，把天文、地理都分作若干部分，说哪一部分天象的变动，主地面上哪一部分的吉凶），辽东人殷馗擅长天文，说五十年以后一定会有真命天子在梁、沛两地间产生，他的锋芒不可阻挡。到这时已经五十年了，曹公打败袁绍，天下再也没有人能敌得过曹公了。在陈寿看来，曹操势力的兴起，上天在五十年前就已经表现出征兆，到他战胜袁绍势力日渐强大，这是天意的体现，是谁也无法阻挡的。蜀汉与东吴的立国同样体现了天命。《刘二牧传》引董扶谓刘焉言，称"益州分野有天子气"。《先主传》引刘豹、向举等人上言，称"西南数有黄气，直立数丈，见来积年，时时有景云祥风，从璿玑下来应之"，又称"数有气如旗，从西竟东，中天而行"。又载许靖、糜竺等上言，称襄阳男子张嘉等人"献玉玺，玺潜汉水，伏于潜泉，晖景烛耀，灵光彻天"，并说"夫汉者，高祖本所起定天下之国号也，大王袭先帝轨迹，亦兴于汉中也。今天子玉玺神光先见，玺出襄阳，汉水之末，明大王承其下流，授予大王以天子之位，瑞命符应，非人力所致"。又引刘备语，宣称："天命不可以不答，祖业不可以久替，四海不可以无主。"这些结论归结到一点，就是刘备称帝是天的意志。《吴主传》载："初，兴平中，吴中童谣曰：'黄金车，班兰耳，闿昌门，出天子。'"这些记载都表明，陈寿把魏、蜀、吴的立国看成是天命。

"幽明感应、祸福萌兆"等也为陈寿所书。如《吴书·诸葛恪传》记载吴国权臣诸葛恪被杀之前的种种预兆。诸葛恪是诸葛亮的兄长诸葛瑾的长子，从小就以才思敏捷、善于应对著称。孙权去世后，孙亮继位，诸葛恪掌握了吴国大权，率军抵挡了魏国三路进攻，在东兴大胜魏军。此后，诸葛恪开始轻敌，率大军伐魏，围攻新城不下，士卒因疾病死伤惨重。回军后，诸葛恪为掩饰过失，更加独断专权。不久，被大臣孙峻联合吴主孙亮设计杀害。传记中说，诸葛恪上朝的前一夜，神思不安，一晚上都没有睡着。第二天早晨起来洗漱，闻到盆里的水又腥又臭。仆人拿过要换的衣服，诸葛恪闻见衣服也是臭的。诸葛恪感到很奇怪，命下人换水换衣服，但依然很臭。诸葛恪心里开始感到烦闷与惆怅。整装洗漱完毕准备出门时，家里的狗跑过来咬住了他的衣服，诸葛恪说："狗不想让我走吗?"于是心思不宁地回到房间，过了一会儿，他站起来又要走，狗又跑过来衔他的衣服。诸葛恪让随从把狗赶开，登车上朝去了。结果到了朝堂上，诸葛恪就被杀了。

另外如《公孙渊传》记载，割据辽东的公孙渊在被司马懿消灭之前，家中已经多次出现怪事：狗戴上头巾穿着深红色的衣服上了房顶，做饭时发现有小儿被蒸死在饭甑中。而他所在的襄平城北面的街市上出现了一块肉，长宽各几尺，有头、眼睛和嘴，没有手脚却能动弹。占卜的人说："有形状而不完整，有躯体而不出声，这个国家就要灭亡了。"此后不久，公孙渊就被击败，首级被送到洛阳。在陈寿看来，公孙渊家和襄平城出现的种种怪异现象，是上天显示公孙渊即将灭亡的征兆。

这种灾异、祥瑞、异兆等都反映了陈寿的天命思想。囿于当时的客观环境与认知水平，陈寿在说明一些历史事件发生的原因时，不能作出科学的分析和正确的判断，只能以"天命"来解释。但也可以看到，这些记载并不多，是有选择性的。从总体上来看，陈寿更重视人为而不信天命。讲天命，主要目的是为了警戒统治者改过自新，修德修政。而在具体论述历史变迁和评价人物的时候，基本看不到天命论的影子。

进步的人才观

陈寿通过对众多历史人物功绩德行及其成长过程的记述，比较系统地展示了他的人才观，其核心内容是得贤才者得天下。陈寿非常重视人才的历史作用，把用人得失强调到国家兴亡的高度。他深刻地纵论三国鼎足之势的形成，无不是三国之主重视人才的结果。

（1）重视人才

汉末乱世，君择臣，臣亦择君。没有足够的用人诚意与重视程度，是招纳不了人才的。陈寿为后人记载了一个个重视人才的典型。

在《三国志》中，陈寿突出强调了重用人才对曹操集团的作用。曹操对人才重要性的认识要早于孙权与刘备，重用人才的力度也远远超过了他们。他能够摆脱偏见，在特定时期不拘一格降人才。汉献帝建安年间（196~220），他曾经三次发布求贤令，寻访天下人才，明确地说"唯才是举""求贤勿拘品行""取士勿废短"，认为只要有才，可以忽略德行上的某些瑕疵。这很大程度上突破了传统"德才兼备"人才观的拘囿，因而能吸引大量有才之士。他不但唯才是举，而且在选用人才时能够做到知人善任，不计出身，如曾经提拔于禁、乐进于行伍之间，取用张辽、徐晃于亡虏之内。

曹操还能做到人尽其才，不念旧恶。建安七子之一的陈琳，原来是袁绍的手下。官渡之战前，陈琳为袁绍写了一篇讨伐曹操的檄文。其文笔恣肆，酣畅淋漓，从曹操的祖父骂起，一直骂到曹操本人，贬斥他是古今第一"贪残虐烈无道之臣"。檄文被送至曹操处时，他当时正犯头痛病，让手下念给他听，听到要紧处不禁厉声大叫，吓出一身冷汗，头竟然不疼了。可见其火力之猛。官渡之战中，袁绍大败，陈琳为曹军俘获。曹操对那篇火力凶猛的檄文还耿耿于怀，便问陈琳：“你骂我就骂我吧，为何要牵累我的祖宗三代呢？”陈琳回答道：“箭在弦上，不得不发耳!”曹操听了呵呵一笑，不再计较，任命他为司空军师祭酒，让他与阮瑀同管记室。陈琳在此之后，尽心为曹操效力，曹氏集团的重要文件，多出于陈琳、阮瑀之手。

因为有用人的雅量，曹操吸引了大批人才，不管是归投名贤还是被征召入朝的地方官员或乡隐俊士，都甘为其用。因而曹氏集团人才最盛，远胜于吴、蜀。在三足鼎立的情况下，曹操的势力最大，取得的成就也最高。

东吴之主孙权之所以能够保住父兄基业并最终割据江东，也与他实行正确的人才政策是分不开的。在《吴书》中，陈寿选取了很多孙权善于识人、用人的例子，如周瑜、鲁肃、吕蒙等等。大将吕蒙出身贫贱，十五六岁时，为摆脱贫贱的地位，在其姐夫军中攻战。后来成为小将，因为勇猛善战而受到孙权的赏识与拔擢，在多次抗击曹操、同蜀汉争夺荆州的战争中，表现出了过人的韬略，屡立大功。再如出身“寒门”、曾经当过水贼的周泰，被孙权封为平虏将军，督领诸将镇守江边要地濡须（今安徽巢县西巢湖入长江的一段水道）。朱然、徐盛等将领或出身高贵，或文武双全、战功卓著，都对周泰不服。孙权为此特地去了一趟濡须坞，大会诸将。在席间，孙权让周泰脱下衣服，当时周泰身上伤痕累累，可算是体无完肤了，孙权用手指着伤痕，一一问他，周泰便一一回答是哪场战争时所受的伤。孙权泪洒当场，拉着周泰的胳膊说：“你为了我，把性命都搭上了，我怎么能不把你当兄弟呢？又怎么能不委你以重任呢？放心干吧，不要因为出身寒门就有所顾忌，我和你荣辱与共。"在场的将领这才心服口服。这样的用人政策使孙权身边汇集了周瑜、鲁肃、程普、吕范、诸葛瑾等一批奇才，最终成就大业。陈寿称赞他能"任才尚计"。

在三国之主中，陈寿最为推重的是刘备，将其视为重才、纳才的楷模。在《三国志》中，多处表现了他的求贤若渴，最为典型的例子就是后人所熟知的"三顾茅庐"。

(2) 诚心待才

陈寿认为，要以诚心待才，才能使其甘为己用。

在《三国志》中，陈寿既体现了曹操、孙权在大业未成时善待人才的器量，也对他们在业成功就之后容不了人才的做法给予了高度关注。曹操以权术驭下，经常因为疑心等原因而滥杀无辜。如被他称赞为"吾之子房"的荀彧，早期随他南征北战，为其出谋划策，立下了汗马功劳。但到了后期，曹操野心日大，大权独揽，有篡位之势。荀彧反对曹操进位魏王，认为这样违背了他匡扶汉室的初衷。曹操大为不满，逼其自杀。另如曾被曹操视为"有伯夷之风、史鱼之直"的崔琰，仅仅因为一言之"失"就被赐死；而被他称为"古所为国之司直、我之周昌"的毛玠，也仅仅是因为对崔琰的死表现出"(心)内不悦"，就被下入大狱。孙权在"成鼎峙之业"后，也一反过去"屈身忍辱"的博大气度，渐渐变得"性多嫌忌，果于杀戮"。

与此相反，刘备虽然不具备一流的韬略，但能够以诚心待才，因而招揽了一批臣子甘心为其驱驰，如智士之杰的诸葛亮、庞统与武将之英的关羽、张飞、赵云等。对刘备的礼贤下士、诚心待才，陈寿特别嘉许。在《蜀书·先主传》中，陈寿开篇就写刘备"善下人"，"年少争附之"；篇末评论又称赞他

"知人待士，盖有高祖（刘邦）之风，英雄之气"。

因为有诚心，刘备才能将一代奇才诸葛亮收为己用。刘备三顾茅庐，将诸葛亮请出山，从此推心无贰，诚心以待。蜀汉章武二年（222），刘备为了给关羽报仇，不顾诸葛亮等大臣的劝阻，率兵攻吴，结果被吴将陆逊火烧连营七百里，一败涂地，退守永安（今重庆市奉节县）。不久便身患重病，临终前，他将诸葛亮从成都召来，托付后事。他对诸葛亮说："你的才干，比曹丕高十倍，一定能够安定国家，成就大业。如果嗣子刘禅可以辅佐，你就辅佐他；如果嗣子不行，你可以取而代之。"诸葛亮涕泪交加，说："我一定竭尽全力，效忠贞之节，死而后已！"刘备又告诫刘禅和另外几个儿子说："我死之后，你们要把丞相看作父亲一样，和他共同治理蜀汉。"这就是有名的"永安托孤"。刘备对诸葛亮的嘱托，表明了对他的倚重和信任。一个饱经世态的国君，给自己智谋不足的嗣子的嘱托则是要像儿子对父亲那样听从老丞相的指点，以免不辨忠奸，危及大业。如果儿子不能成材，与其把国事弄坏、社稷丧掉，还不如把皇位让给功德盖世的丞相诸葛亮好呢！而诸葛亮在回答中所表现的忠贞不贰、以死相报的口吻，同他后来鞠躬尽瘁、死而后已的举动，令人感觉到他们君臣真是如同水乳交融。非此君不能得此臣，非此臣不能答此君。这样的"君臣际会"，怎能不得到人们的赞扬呢？

对臣下，刘备能够做到用人不疑，这也是他能够成就功业的重要原因。他被曹操击溃于当阳（今湖北当阳东北）时，身边的随从已经所剩无几。有个小校对他说赵云已经北行投降曹操了，他用手戟轻轻敲了一下他的头盔道："不要乱说话！子龙（赵云字子龙）是在我患难之时跟随我的，绝不会抛弃我逃跑，他往北走，一定是有事情。"遂命张飞率十八骑燕将至长坂桥断后，并接应赵云。不久，赵云果然抱着他的幼子阿斗（后主刘禅）回来了。

陈寿还认为，如果对人才不能善加利用，最终难成大业，袁绍、刘表、陶谦等人均是如此。

在东汉末年争霸的群雄中，袁绍的势力本来是最强的，麾下人才济济。但他对谋臣们的建议往往不能善加采用，错失很多大好机会。奉迎汉献帝就是一例。汉献帝兴平二年（195），关中动荡，李傕、郭汜等人厮杀不息。汉献帝与百官奔出关中，结果被叛军在曹阳追上，官僚丧命，帝后受惊，被迫北渡黄河，后来在杨奉、张杨、董承等人的拥护下到达洛阳。当时的群雄之中，有可能拥立汉献帝的大有人在：张杨、袁绍、曹操、袁术、吕布。其中袁绍最有实力，机会也最大。《魏书·袁绍传》中记载，袁绍领冀州牧之后，从事沮授就建议他迎天子成就霸业，趁机横扫黄河以北，合并四州土地，招揽英雄人才，拥有百万军队，到西京迎接天子，在洛阳重建宗庙，向天下发号施令，去讨伐不肯归附的人。他说，用这样的力量来争强决胜，谁能够抵挡呢？但袁绍未加采用。曹操麾下的谋臣荀彧、程嘉目光长远，劝他抓紧时机奉迎汉献帝。荀彧对曹操说，如今天子蒙难，百姓流离，您奉迎天子以顺民望，正是大好时机。可以用天子的名义号令天下，招揽英才，节制群雄。即使有人有异心，也不敢冒天下之大不韪。如果不抓紧时机，群雄四起，到时再想奉迎天子以壮大自己的力量就来不及了。曹操从善如流，到洛阳奉迎汉献帝都许，及时把握了这一挟天子以令诸侯的千载难逢的好时机。而历史也证明，"挟天子以令诸侯"的策略是曹操统一北方、成就霸业的重要条件。袁绍后来醒悟过来，但为时已晚。而其他如袁术、陶谦、刘表等人也在三国时期的人才争夺战与利用战中败下阵来。

四、余论

陈寿的《三国志》是一部杰出的史学著作，在其面世后的千百年间，吸引了一代又一代读者。而它在史学史上取得的巨大成就，引起了后人的极大兴趣。历代研究《三国志》的学者不绝如缕，成果层出不穷，或补充，或纠谬，或考辨，出现了不少有价值的作品。

在魏晋南北朝时，就不断有人对《三国志》进行了研究，并撰写了一些研究成果。

东晋时有徐众《三国志评》三卷、王涛《三国志序评》三卷、何琦《论三国志》九卷。这三部著作早已失传，其内容已不得而知，但从书名看，应该是作者对《三国志》的历史人事时作的评论。南朝刘宋时人裴松之受命作《三国志注》，以弥补《三国志》过于简略的缺点。他博采群书，精心补注，于宋文帝元嘉六年（429）完成。上奏给宋文帝后，被称赞为："此为不朽矣！"对后世产生了很大的影响。北魏年间，张始均改写《三国志》的《魏书》部分为编年体，共三十卷。

唐宋元明时，对《三国志》的研究进一步推进。

唐代研究《三国志》的人不多，但它已经被定为士子必读、精读的书之一，也是策试内容之一。出现的研究成果有丘悦《三国典略》、何彦先《三国战策》、宗谏《三国采要》等。两宋时期，研究者逐渐增多。有认为《三国志》过于简略而裴松之的注又过于繁芜，想将二者合而为一者，如吕南公、郑知几、陈亮等；有认为《三国志》中《蜀书》的名称不恰当，刘备称帝时国号为汉，不当称蜀，想加以改写者。相关成果有唐庚《三国杂事》、师古《三国志质疑》、李杞《改修三国志》等。元代有郝经《续后汉书》、赵居信《蜀汉本末》等成果面世。明代谢陛将《三国志》改编为《季汉书》六十卷；朱明镐撰《史纠》六卷，其中有《三国志》一编，主要评论书法及史事；邵宝的《学史》对《三国志》则多史事的评论。

《三国志》的研究至清代达到了高潮。清朝人对《三国志》的研究下的功夫最大，成果累累。有杭世骏的《三国志补注》六卷，赵一清的《三国志补注》六十五卷，钱大昭的《三国志辨析》三卷，潘眉的《三国志考证》八卷，梁章钜的《三国志旁证》三十卷，钱仪吉的《三国志证闻》三卷等等。举凡字句的校勘考订、词义的训释、典故的注解、意义的阐发、史事的补充、地理的诠释、表志的补修等各个方面，都涉及了。属于补志的书有洪亮吉的《三国疆域志》，谢钟英的《三国疆域志补注》，侯康的《三国艺文志》，陶元珍的《补三国食货志》，王欣夫的《补三国兵志》。补表的有洪贻孙的《三国职官表》，黄大华的《三国三公宰辅表》，谢钟英的《三国大事年表》，吴增仅的《三国郡县表》等。民国时期，湖北人卢弼集合各家学者的成就，加之自己的校勘工作，作成《三国志集解》一书。卢书既注陈寿原文，又注裴注，引征繁富，颇益后学。

当代人研究《三国志》的学者也有很多，相关学术成果层出不穷。略显遗憾的是，将研究成果撰成专著者不是很多。20世纪60年代初，有缪钺先生的《三国志选》；80年代初，有周一良先生的《三国志札记》、缪钺先生主编的《三国志选注》；90年代初，有吴金华先生的《三国志校诂》。这些著作都各有特色，为《三国志》研究局面的开展起到了不小的推动作用。

在诸多研究著作中，影响最大的还是裴松之的《三国志注》。

第 2 章

裴松之与《三国志注》

《三国志》成书后，有关东汉、三国时期的史书大量涌现，客观上为完善东汉史、三国史提供了充足的条件。相比之下，记事简略便成为《三国志》的一大缺憾。为了弥补这种缺憾，南朝著名史学家裴松之特地为之作注，增补了大量材料，对其进行了完善。注文与本传珠联璧合，相得益彰。

一、裴松之生平、治学

出身望族　潜心治学

裴松之，字世期，南朝宋人。先世原为河东闻喜（今山西闻喜）人，永嘉南迁后移居江南。生于东晋简文帝咸安二年（372），卒于南朝宋文帝元嘉二十八年（451），享年八十岁。裴氏家族是当地望族，从汉代末年到南北朝长达三百余年的时间里，在政治与文学等方面都颇有名望与影响。这是一个儒学世家，出了很多文化大家，在史学方面更是作出了突出的贡献。

裴家以诗礼传家，家教严明。因而裴松之虽生于东晋战乱和分裂之际，仍能受到严格而系统的文化教育。他从小就非常喜爱读书，八岁时已熟知《诗经》《论语》等儒家经典，表现出很高的文化天赋，家中的长辈对此赞不绝口。在青少年时期更是博览典籍，学识日进。在仕途上，裴松之也很早就崭露头角。东晋孝武帝太元十六年（391），朝廷选拔一批名门士族子弟入宫侍卫，参与顾问咨询事宜。裴松之被选中，担任殿中将军的职务。这一年，他二十岁。

裴松之所处的社会，政归家门，群雄角力，各种政治、军事势力都伺机而动，争夺天下。晋安帝隆安二年（398），豫州刺史庾楷（裴松之的舅父）联合兖、青二州刺史王恭等攻打建康（今江苏南京）。兵变失败后，庾楷投奔到桓玄处。庾楷推荐裴松之担任新野（今河南新野）太守，实际上是想给自己增加政治砝码。裴松之斟酌再三，考虑到风险过大，就迟迟不肯动身。不久，军阀火并，庾楷死于桓玄之手，裴松之则因为自己的谨慎与敏锐避免了一场杀身之祸。

后来，裴松之被授予员外散骑侍郎一职。黄门侍郎、散骑侍郎等职务都属于"清贵"之官，由此迁转，往往坐至公卿，所以多由世家大族的成员担任。裴松之出身望族，因而被授予此职。但他却未能平步青云，晋安帝义熙初年（405），被出调为吴兴郡（今浙江吴兴）故鄣县县令。在偏僻的故鄣县里，裴松之依然兢兢业业，恪尽职守。因为政绩出色，不久被升调回朝廷，改任尚书祠部郎，掌管祭祀之事。

在任尚书祠部郎期间，裴松之建议朝廷禁止私立碑铭，得到了时人的赞扬。东汉末年开始，送死者多作石室、石兽碑、铭等物，且奢靡之风颇盛。建安十年（205），曹操以天下凋敝为由，下令不得厚葬，禁立碑铭。至魏高贵乡公甘露二年（257）碑禁尚严，但以后又渐兴起。东晋承汉魏余弊，社会风气浮华奢靡，以夸富斗侈为尚，官僚地主之家私立碑铭的现象非常普遍，都以此夸耀自家功绩，每每标榜身世，高其门第，浮伪失实。裴松之对这种现象颇为不满，他上书朝廷，建议严加限制，以"防遏无征，呈彰茂实"。在奏表中，他揭露了当时虚自标榜的浮夸风气，分析了私立碑铭的危害。他认为，碑铭之作是为明示后人，所以碑铭的内容必须与实际情况相称，才能够取信于后世。而现在弄虚作假，造成真假相蒙，使后人没有取信的标准，掩盖了历史的真相。他建议，经社会公议认可后，方可勒石立碑。此建议被采纳，从此一概禁绝私家立碑，对当时的不正之风起到了一定的遏制作用。在揭露批判这种恶习的同时，裴松之也表露了自己对于修史和鉴别史料的某些观点。裴松之虽出身官宦世家，但能识破自东晋以来世家大族虚自标榜的恶习，并普请禁裁，表现出一位历史学家坚定正直、峻节凛然的精神风貌。

义熙十二年（416），太尉刘裕（后来的南朝刘宋武帝）率军北伐，裴松之时任司州主簿，随军北行。刘裕非常赏识裴松之的才学，夸赞他为"廊庙之才"，将其转任治中从事史。晋军占据洛阳后，刘裕又委任他为封国世子洗马。后来，裴松之又担任过零陵内史、国子博士等职务，成为刘裕集团中的重要成员。

晋恭帝元熙二年（420），刘宋代晋，中原地区正式进入南北朝时期。在新朝，裴松之继续得到了重用。他为人正直，简约朴素，不管在何处任职，都能尽忠职守，很好地完成任务。

担任地方官时勤于政务，体恤百姓疾苦，周济民众，境内的吏民都能安居乐业；供职于朝廷时能体察下情，恪守职责，政绩出色。

奉诏注史

宋武帝刘裕去世后，长子刘义符继位，后被大臣废黜，第三子刘义隆被拥立为帝，史称宋文帝。宋文帝也很器重裴松之，他曾于元嘉三年（426）派遣大使十六人巡行天下，裴松之是其中之一，被派往湘州（今湖南长沙）。自湘州巡行归来后，裴松之将所探询的吏政民情归纳为二十四项条款，上奏给宋文帝。因为任务完成得非常出色，他受到了舆论的赞扬，被升任为中书侍郎和司、冀二州大中正，并赐爵西乡侯。

宋文帝是一个有雄心壮志的皇帝，他即位后，想改变当时混乱的社会局势和政治局面。刘宋初年的形势与三国时颇为相似，群雄割据，战乱频仍，各种政治、军事势力犬牙交错，社会动荡不安。要巩固自己的统治，一个直接方式就是从史书中汲取经验教训。《三国志》史法甚好，但过于简略，很多史事不够明确或被遗漏。有感于此，元嘉五年（428），他下诏命裴松之为之作注。

裴松之接受任务后，确定了"降怀近代，博观兴废，将以总括前踪，贻诲来世"的注史思想，即关注近代史事，广泛地考察历朝的兴衰得失，以求取得对历史发展大势的综合认识，并垂留后世，用以启发教育后人。围绕着这个中心，裴松之开始了紧张的工作。他博采群书，网罗各方史料，考订史实，开创体例，悉心注释，终于元嘉六年七月完成，上呈给宋文帝。宋文帝仔细阅读之后大加赞赏，称赞"此为不朽矣"。这年，裴松之五十八岁。

《三国志注》撰成之后，裴松之受任永嘉（今浙江温州）太守。由京官而外放，实际是仕途蹭蹬。著名诗人谢灵运也曾担任永嘉太守，他纵情山水，携妓游览，不以俗务为然。裴松之虽仕途遇挫，但并不仿效谢灵运，而是一如既往地兢兢业业，体恤民众，造福当地。在他的精心治理下，当地吏民安居乐业，对他称道不已。不久，宋文帝再次命他返回建康城任职，入补通直，为常侍。元嘉十二年（435），他受诏撰《宋元嘉起居注》，复领司、冀二州大中正，出为南琅琊（今江苏句容县北六十里）太守。

元嘉十四年，裴松之六十五岁，致仕。不久，又拜中散大夫、领国子博士，最后晋位太中大夫。元嘉二十八年，裴松之奉命继何承天之后撰述国史，但还没来得及动笔，就与世长辞了，终年八十岁。

裴松之在史学方面的修养和成就，激发了他的后代对史学和文献学的浓厚兴趣。他的儿子裴骃，博采典籍，撰写了《史记集解》。《史记集解》是现存《史记》三家注中最早的一家，意义重大。他的曾孙裴子野有志继承祖业，他剪裁南朝刘宋一代史料，撰写了编年史《宋略》（已佚），影响深远，唐代著名史学家刘知几在《史通》中曾多次提及，认为是写得比较好的一部编年体史书。《三国志注》《史记集解》《宋略》均为史学名著，对史学发展作出了较大的贡献。裴松之、裴骃、裴子野也由此被尊称为"史学三裴"。

裴松之一生著书甚丰，除了著名的《三国志注》外，还有《晋纪》。另有《裴氏家传》四卷、《集注丧服经传》一卷、《裴松之集》十三卷、《宋元嘉起居注》六十卷等。遗憾的是，只有

《三国志注》留存至今，成为后人研究其史学成就的主要依据。

二、《三国志注》

综论

撰写《三国志》时，陈寿参考了大量相关的历史著作和野史杂记，如王沈《魏书》、韦昭《吴书》、鱼豢《魏略》和《典略》、张勃《吴录》、虞溥《江表传》、郭颁《世语》、张璠《后汉记》等等，但其中很多资料在经陈寿遴选、鉴别之后被摒弃。这虽然保证了史料的真实与严谨，但历史的细节及其丰富性也随之被忽略。裴松之所做的工作就是重新搜罗这些资料，再加上《三国志》之后一百年间出现的相关三国史的资料，补其缺憾，还原历史的复杂与生动。

在《上三国志注表》中，裴松之对《三国志》作了一个总的评价："铨叙可观，事多审正。诚游览之苑囿，近世之嘉史。"

"铨叙可观"，是说《三国志》的内容丰富，体例合理。《三国志》叙述了自东汉末年黄巾大起义（184）到西晋武帝统一中原（280）近百年间的历史，勾勒了历史的发展脉络，记录了其间的重要人事。在体例方面，魏、蜀、吴三国各自成书，且体例一致。陈寿之前撰写的三国史书多以本国为正统，褒己贬他。陈寿虽然以魏为正统，但他正视了三国鼎立、互不统属的现实，各自独立成书，《魏书》有本纪、列传，《蜀书》《吴书》都只有列传而没有本纪，如曹操为《武帝纪》，刘备为《先主传》，孙权为《吴主传》，但蜀汉、东吴诸主传记仍按本纪形式撰写，使后人能够体会到当时三国鼎立的历史现实。

"事多审正"，指陈寿《三国志》在史料取舍方面做得比较好，记载的有关史实大都精审得当，经过了仔细审核。相关的奏疏文章等，也是选取有关"切世大事"者。对那些虚妄、烦雍之词，陈寿一律不予采纳。之前的三国史书已有王沈《魏书》、鱼豢《魏略》、韦昭《吴书》等，其中内容多有不实、虚妄之处，如《魏略》中记载刘备的儿子刘禅在曹操攻小沛时与刘备失散，后流落至汉中，娶妻生子，成人后方与刘备团聚；诸葛亮主动见刘备，为刘备所不礼等等。这些记载经不住推敲，与事实不符，陈寿都没有采纳。另如汉魏禅让之际的二十多篇群臣劝进与曹丕回复的表奏册诏等烦雍之词，陈寿也未加采用。

"游览之苑囿"，是说《三国志》所记史事十分丰富，展现了近百年的历史面貌，涉及政治、军事、文化、科技等多个方面。其间的重大史事如黄巾大起义、汉末群雄割据、官渡之战、赤壁之战、夷陵之战、吴蜀联盟、魏蜀对峙等等基本都有完整陈述。涉及的历史人物更是广泛，政治、军事方面有董卓、袁绍、袁术、曹操、刘备、孙权、诸葛亮、关羽、张飞、周瑜、陆逊、顾雍、郭嘉、荀彧、司马懿等，学术文化方面有蔡邕、钟会、王粲、谯周、阚泽等，医学方面有华佗等，周边的少数民族如乌丸、鲜卑、东夷等都有传记，较为全面地展现了历史进程。

"近代之嘉史"，是说陈寿的《三国志》跟其他三国史书相比，是一部非常好的史书。这样的结论绝非夸大其词，在经过历史长河的冲刷后，其他的三国史书逐渐被淘汰，淡出了人们的文化视野，只有《三国志》持续受到人们的关注与尊崇，和《史记》《汉书》《后汉书》一起被尊为"二十四史"中的"前四史"，垂范于后世，在史学史上取得了不朽的地位。

裴松之指出，《三国志》也有不容忽视的缺点，即过于简略，"时有所脱漏"。对历史人事多作梗概陈述，少细节描写。对历史大事及所涉及人事往往不作追本溯源或旁征博引的处理，有时还会有所遗漏，使后人读来不够明彻。

为了弥补《三国志》的这个缺憾，裴松之做了大量工作，注释史书的方法也跟其他史家截然不同。一般史家注史重点在于诠释文义、解说名物制度、地理等方面，裴松之一改旧例，将重点放在事实的增补和考订上。在《上三国志注表》中，裴松之将注书的内容列举为四个方面："其寿所不载，事宜存录者，则罔不毕取以补其缺；或同说一事而辞有乖杂，或出事本异，疑不能判，并皆抄内以备异闻；若乃纰缪显然，言不附理，则随违矫正以惩其妄。其时事当否及寿之小失，颇以愚意有所论辩。"简略说，就是补缺、备异、矫妄、论辩。除了论辩之外，其余三个方面都需要补充大量的史料。

在《三国志》六十五卷四百六十八篇纪传中，除了六十一篇没有裴松之的注外，其余各篇都有详细的补注。这些补注，或补充原书在记载上的遗漏、简略之处，或并引诸书之说以存异同，或根据他书以证原书之讹误，或附以音义训诂之明辞意，或加按语以正是非，极大地丰富了《三国志》原书的内容，创立了注史新体例。

《三国志注》的内容

（1）补缺

《三国志》记载简略，在许多关键处语焉不详，对许多历史人事的叙述不是很明了。有鉴于此，裴松之将补缺列为第一项，广征博引，极大地丰富了原书的内容。凡原书记载简略或遗漏而又有保存价值的史料，裴松之都广征博引，予以悉心增补，使得相关人事的来龙去脉都非常清楚，史实变得丰富充实，历然可观。这一类的注文最多，也是最主要的部分。

在"补缺"时，裴松之大都是将《三国志》中的简略处加以具体化，并进行某种"拓展"，这一部分在注文中占的比重较大。许多为后人所熟悉的情节，不是源于《三国志》的记载，而是裴注。如人们耳熟能详的诸葛亮"七擒孟获"的故事。"七擒孟获"反映了诸葛亮以"攻心为上"的少数民族政策，又是北伐曹魏前安定后方的重要措施，但在《蜀书·诸葛亮传》中，仅用了"三年春，亮率众南征，其秋悉平"十二个字草草带过。而裴松之引《汉晋春秋》中的资料近二百字：

> 亮至南中，所在战捷。闻孟获者，为夷、汉所服，募生致之。既得，使观于营阵之间，问曰："此军何如？"获对曰："向者不知虚实，故败。今蒙赐观看营阵，若只如此，即定易胜耳。"亮笑，纵使更战，七纵七擒，而亮犹遣获。获止不去，曰："公，天威也。南人不复反矣。"遂至滇池。南中平，皆即其渠率而用之。或以谏亮，亮曰："若留外人，则当留兵，兵留则无所食，一不易也；加夷新伤破，父兄死丧，留外人而无兵者，必成祸患，二不易也；又夷累有废杀之罪，自嫌衅重，若留外人，终不相信，三不易也；今吾欲使不留兵，不运粮，而纲纪粗定，夷、汉粗安故也。"

经过这样的补充，故事一下生动、充实起来，颇像是随诸葛亮南征者的回忆录。这段材料，后来被小说《三国演义》所采用，演绎成精彩故事而广为流传。

另如曹操屯田事。曹操在许昌屯田是一项重要的经济措施，但在《魏书·武帝纪》中，仅用"用枣祗、韩浩等议，始兴屯"寥寥数字来记载，屯田的具体情况如何，效果怎样，都没有提及，使读者难解其底蕴。裴松之根据王沈《魏书》的记载，补充了大段文字，并云："是岁乃募民屯田许下，得谷百万斛。于是州郡例置田官，所在积谷。征伐四方，无运粮之劳，遂兼灭群贼，克平天禧。"经注文补充之后，屯田这一重要经济措施实行的原委、措施、效果，便清楚详细多了。

除了将《三国志》中的简略处加以具体化，裴松之还注意补充《三国志》记载的遗漏处。

科技发明等历来是史书记载的弱项，因为中国古代一向轻视科技发明，视其为"小技"。在《三国志》中，陈寿将科技与卜算、医药、天文历法等统统归到了《方技传》中。对这些领域中的杰出人物，也略于叙述。如马钧、张仲景等在科学史、医学史上作出突出贡献的，陈寿没有给他们立传，以致他们的事迹不显。裴松之在相关传文之后，补充了他们的传记，极大丰富、充实了传文，也使后人更加了解那个时代的科技、医学等发展水平。马钧是当时著名的科技发明家，被称之为"天下之名巧"，他的很多发明都推动了当时的科技发展，提高了社会生产力，是古代科技史上的重要人物。但其人其事，陈寿在《三国志·方技传》中只字未提。裴氏以一千余字补充其生平与重大发明创造，而有关指南车、翻车、连弩、发石车以及织绫机的记载，反映了当时的科技生产水平，填补了科技史研究的空白。为后人研究三国时期的科技发展情况，提供了珍贵的资料。如果没有裴松之的注文，这一代大科技发明家就要被埋没在历史发展的长河中，无名于后世了，岂不大为遗憾！

有些事件和数字，对研究当时的历史具有十分重要的意义，陈寿也漏载了。如《吴书·孙皓传》记述东吴末主孙皓降于王濬一事时，并未叙及财物所获情况。裴注特引孙盛撰《晋阳秋》所记加以补充说："濬收其图籍，领州四，郡四十三，县三百一十二，户五十二万三千，吏三万二千，兵二十三万，男女口二百三十万，米谷二百八十万斛，舟船五千余艘。"这是吴国灭亡时的基本情况，对研究三国时期的户口制度、经济发展状况等都有重要的参考价值。《晋阳秋》原书早佚，裴松之的补注就越发显得重要了。

裴注的补缺使《三国志》本来简略而略显单调、干瘪的史事生动、活泼、充实了起来，人物形象更加丰满，历史事件更加立体，也为后来说书人、平话和小说作者的艺术创作提供了丰富的素材。

（2）备异

裴松之搜集的材料中，有许多互不相同，甚至矛盾的记载。对同一件史事，往往有几种不同的说法。在这种情况下，裴松之就把跟史传正文并存的其他几种说法也引录下来，以备存疑，让读者自己去判断。如高贵乡公曹髦被杀一事，《三国志》中的记载比较隐讳。裴松之在注文中引录了《汉晋春秋》《晋纪》《魏氏春秋》《魏末传》等书的相关记载，使读者在比较、分析中看清历史的真面目，得出正确的结论。

另如刘备三顾茅庐一事，《蜀书·诸葛亮传》所记情节已人所共知，是刘备为招揽人才三顾茅庐，方请得诸葛亮出山。但魏人鱼豢《魏略》和西晋司马彪《九州春秋》所记则与本传大不相同，两书都记载是诸葛亮先去拜访刘备，而刘备因为他年少，并不看重他，后来诸葛亮采用激将法，才引起刘备的注意。裴氏将两书记载均抄录于注中。

"有心栽花花不活，无心插柳柳成荫"，裴注的备异本是为存疑，却在一定程度上为后来的三国故事、三国戏曲、讲史平话、小说等的创作提供了素材，成为选择、改编、扩充和演变材料的基础。如在《魏书·武帝纪》中记述曹操杀吕伯奢全家之后，裴松之引录了《魏书》《世语》和《杂记》三种不同的记载：

> 太祖（曹操）以卓（董卓）终必复败，遂不就拜，逃归乡里，从数骑过故人成皋吕伯奢。伯奢不在，其子与宾客共劫太祖，取马及物，太祖手刃击杀数人。 （《魏书》）

> 太祖过伯奢，伯奢出行，五子皆在，备宾主礼。太祖自以背卓命，疑其图己，手剑夜杀八人而去。
> （《世语》）

> 太祖闻其食器声，以为图己，遂夜杀之，既而悽怆曰："宁我负人，毋人负我。" （《杂记》）

根据《魏书》的说法，曹操杀人是在被劫之后，罪在吕氏。这种杀人，不能说是负人，而只是惩罚歹徒的行为，曹操是无辜而勇斗歹徒的落难英雄。《世语》中的说法表现了曹操的多疑与残忍。《杂记》记载说曹操杀人，是因为怕别人杀害自己，所以先下手为强，这还可以说是"宁我负人，毋人负我"的行为。但事情过后，曹操还是很快就感到悽怆伤怀，说明这次杀人是属于误会，并非曹操本性即安于做负人之事。文学色彩最浓，心理刻画细致，最能体现曹操的奸雄形象，因而在《三国演义》第四回，便以此为基础拓展：

操以鞭指林深处谓宫曰："此间有一人姓吕，名伯奢，是吾父结义弟兄；就往问家中消息，觅一宿，如何？"宫曰："最好。"二人至庄前下马，入见伯奢。奢曰："我闻朝廷遍行文书，捉汝甚急，汝父已避陈留去了。汝如何得至此？"操告以前事，曰："若非陈县令，已粉骨碎身矣。"伯奢拜陈宫曰："小侄若非使君，曹氏灭门矣。使君宽怀安坐，今晚便可下榻草舍。"说罢，即起身入内。良久乃出，谓陈宫曰："老夫家无好酒，容往西村沽一樽来相待。"言讫，匆匆上驴而去。

操与宫坐久，忽闻庄后有磨刀之声。操曰："吕伯奢非吾至亲，此去可疑，当窃听之。"二人潜步入草堂后，但闻人语曰："缚而杀之，何如？"操曰："是矣！今若不先下手，必遭擒获。"遂与宫拔剑直入，不问男女，皆杀之，一连杀死八口。搜至厨下，却见缚一猪欲杀。宫曰："孟德心多，误杀好人矣！"急出庄上马而行。行不到二里，只见伯奢驴鞍前鞒悬酒二瓶，手携果菜而来，叫曰："贤侄与使君何故便去？"操曰："被罪之人，不敢久住。"伯奢曰："吾已分付家人宰一猪相款，贤侄、使君何憎一宿？速请转骑。"操不顾，策马便行。行不数步，忽拔剑复回，叫伯奢曰："此来者何人？"伯奢回头看时，操挥剑砍伯奢于驴下。宫大惊曰："适才误耳，今何为也？"操曰："伯奢到家，见杀死多人，安肯干休？若率众来追，必遭其祸矣。"宫曰："知而故杀，大不义也！"操曰："宁教我负天下人，休教天下人负我。"陈宫默然。

增添了吕伯奢出门打酒和曹操错杀吕氏家人后于路上故杀吕伯奢的情节，又把"宁我负人，毋人负我"一语扩大为"宁教我负天下人，休教天下人负我"一语。

（3）矫妄

对《三国志》中明显错误的地方，裴松之就根据其他材料加以订正，是为"矫妄"。裴注的"矫妄"有两种形式：

一种是根据本传前后记载的矛盾，自证其误。如《魏书·武帝纪》记载，建安五年（200），袁绍与曹操对峙于官渡，袁绍军容强盛，士卒有十余万，军营东西连绵数十里。而曹军"兵不满万"，带伤者又占其中的十之二三，形势极为不利。裴松之从多个方面加以分析，认为曹军的数量"未应如此之少"。他指出，其一，曹操当初起兵时，就有五千部众，击败黄巾军后，更一次就接收了三十余万降卒。其余断断续续吞并的队伍，不可胜计。虽然在战争中兵力有消耗，也不应该如此之少。而且结营对峙，不同于临阵交战。本纪中明确记载袁绍有十多万军众，安下的营寨东西绵延达数十里。曹操虽然机变多谋，也不可能凭借数千兵力就能跟袁绍长时间对峙；曹操能够安营立寨与其对抗，说明兵力不少；其二，袁绍兵力如果胜于曹操十倍，理应尽力围守，使其出入断绝。而曹操能够派徐晃等人去袭击袁绍的运粮车，又曾自己率兵出营去攻打淳于琼，往还都没有遇到很强的抵抗，说明袁绍力不能制，也说明其兵力不可能太少；其三，很多书上都记载，官渡之战后，曹操坑杀了袁绍七八万部众。七八万人如果奔逃反抗，不是八千人就能控制得住的。而袁绍的军队大都引颈就戮，说明曹操的军队能够控制住，不可能很少。然后，裴松之又找出《魏书·荀彧传》中"十万众"的矛盾记载，进一步辩明"官渡之役不得云兵不满万也"。

又如《魏书·明帝纪》中记载魏明帝死时年三十六岁，裴松之在注文中详细考证说："魏武帝曹操在建安九年（204）八月定都于邺，文帝曹丕纳甄后为妻，明帝应该是建安十年生，到他死的这年正月，整整三十四年；当时改年号，以上年的十二月为当年的正月，即使这样，也只能勉强说是三十五岁，不能算得上是三十六岁。"证明魏明帝曹叡死时不是三十六岁，而是三十四岁，时改正朔，仅可勉强称之为三十五岁而已。

另如公孙度事。公孙度，字升济，辽东襄平（辽阳）人。东汉灵帝中平六年（189），被董卓任命为辽东太守。他厉行严刑峻法，打击豪强势力，羽翼渐丰。后董卓乱起，各地军阀无暇东顾，他趁机自立为辽东侯、平州牧，割据辽东。《魏书·凉茂传》中记载，公孙度得知曹操远征柳城的消息后，就对凉茂及诸将领说："听说曹操远征，邺城（今河北省邯郸市临漳县）一定守备不足。如果我率领三万步兵、一万骑兵去攻打，谁能抵挡得住呢？"对此，裴松之根据《魏书·公孙度传》中公孙度"建安九年卒"的记载，指出公孙度于建安九年去世，而曹操也是在那年定都于邺。定都之后的远征行动，只有北征柳城。北征柳城的时候，公孙度已经不在人世了，从公孙度和曹操的活动时间排除了公孙度讲这番话的可能。

其二是引用其他史家的著述辨别陈寿记载的错误。如《吴书·朱然传》记载朱然于赤乌五年（242）战败魏将事，裴注引孙盛《异同评》的考证，认为"陈寿误以吴嘉禾六年为赤乌五年耳"。

裴注中的"矫妄"与"备异"有时是结合在一起的，难以截然分开。如刘备"三顾茅庐"事，裴松之引录其他材料，是为备异。而另外又加以辨析，他引录了诸葛亮在《出师表》中的"先帝不以臣卑鄙，猥自枉屈，三顾臣于草庐之中，咨臣以当世之事"一段，对鱼豢、司马彪之说加以驳斥，说明陈寿所记更为可信，得出"非亮先诣备"这一结论，可谓矫妄。

这种纠正谬误的考辨之文，据后人统计，多达一百九十六条，说明裴松之作了巨大的努力。明代著名学者胡应麟予以盛赞："综核精严，缴驳平冗，允哉史之忠臣，古之益友也。"

（4）论辩

在补充史实的同时，裴松之还常常对《三国志》中记载的历史人事加以评论。评论的内容既包括《三国志》记载的得失，也包括所引录的注文资料的得失。

如《蜀书·关羽传》中有关羽从曹操处投奔刘备，而曹操禁止部下追杀的记载。裴松之评论说："松之以为曹公知羽不留而心嘉其志，去不遣追以成其义，自非有王霸之度，孰能至此乎?"意思是说，曹操知道关羽不想留下，心里赞扬他的这种气节，当关羽离开的时候，他不派人追赶以成就关羽的"义"，如果不是有王霸之才的恢宏气度，怎能做到这点? 认为曹操不失为"王霸"之才，气度恢宏，有助于深入分析曹操的性格特征。

对陈寿的写作态度、写作宗旨等，裴松之基本持肯定态度。但对于《三国志》中记事不当的地方，他也一一指出，并加以评定、纠正，使其更趋完善。如对"官渡之战"记"兵不满万"文，裴松之评论说："将记述者欲以少见奇，非其实录也。"对陈寿失误而他书正确处，亦作明确判断。如《吴书·楼玄传注》引虞博《江表传》所载楼玄自杀事，裴氏径直判断为"《江表传》所言，于理为长"。对陈寿的某些评论，裴松之持不同意见。如陈寿把袁术的失败归之为奢淫放肆，裴松之批评他没有抓住事情的要害，认为"妄自尊立"才是袁术灭亡的关键。

对引录的其他史书中的内容，裴松之也经常加以论辩，如对"空城计"的辩证就是一个典型例子。经过《三国演义》以及许多戏剧的渲染、铺陈，"空城计"的故事已是家喻户晓、妇孺皆知了。但这件事在《三国志》中并不见记载，而是源于裴松之征引的郭冲的叙述。郭冲为了盛赞诸葛亮的权智英略，列举了他一些神奇的传闻，其中一件就是"空城计"：

> 亮屯于阳平，遣魏延诸军并兵东下，亮惟留万人守城。晋宣帝（指司马懿。其子司马炎称帝后，追尊他为晋宣帝）率二十万众拒亮，而与延军错道，径至前，当亮六十里所，侦候白宣帝说亮在城中兵少力弱。亮亦知宣帝垂至，已与相逼，欲前赴延军，相去又远，回迹反追，势不相及，将士失色，莫知其计。亮意气自若，敕军中皆卧旗息鼓，不得妄出庵幔，又令大开四城门，扫地却洒。宣帝常谓亮持重，而猥见势弱，疑其有伏兵，于是旨军北趣山。

小说《三国演义》中的内容完全由此脱胎而来。但裴松之认为郭冲的叙述"实皆可疑"，他列举了四条证据说明不可能发生这种事。第一，阳平（今陕西省勉县西北）在汉中，诸葛亮屯兵阳平的时候，司马懿还是荆州都督，镇守宛城（今河南南阳），两地相距甚远。到大将军曹真死后，司马懿才开始率兵与诸葛亮在关中对抗。魏明帝曾经派司马懿从宛城经西城伐蜀，但正逢连月阴雨，没有成功。在这前后，并没有阳平交兵的事情。第二，司马懿既然率二十万大军进攻，已经知道诸葛亮兵少力弱，如果怀疑有伏兵，正好可以趁机设防，哪里至于掉头就走？第三，据《蜀书·魏延传》中的记载，魏延每次随诸葛亮出征，都想请求率精兵万人，出其不意，直袭长安，但诸葛亮都不允许。诸葛亮为人持重，都不让魏延率精兵万人以为别部，怎么会使重兵在前，而自己只留下一些老弱病残之军士以自守呢？第四，郭冲还说，扶风王司马骏对他的话十分赞同。司马骏是司马懿的儿子，郭冲对着儿子揭父亲的短，理所不容，还说司马骏十分赞同他的话，显然是荒谬。裴松之从事件发生的时间、地点、双方主将秉性、军事战术和道德伦理等方面进行了深入分析，从而得出总的论断："故知此书举引皆虚"，令人叹服。只是这个故事很精彩，所以文学作品一说再说，戏剧作品一演再演，也就深入人心了。

另外像曹丕赐甄后死一事，裴松之对其他史家的曲笔妄记也加以指责。《魏书·后妃传》中记载，甄后之死，是因为曹丕做了皇帝后，宠爱郭后、李贵人、阴贵人，甄后受到了冷落，非常不满，说了牢骚话。曹丕得知后大怒，派内使将其赐死。而裴注引录王沈的《魏书》中，有褒美甄后的记载，与本传截然不同。说甄后是病死的，在她生前，曹丕对她非常好，死后也很痛惜。裴松之在评论这件事情时，认为王沈的记载是不实的，是"崇饰虚文"，甄后被杀害，事有明审。陈寿删去了王沈《魏书》的不实之词，是正确的。

三、《三国志注》的价值及影响

《三国志注》具备极高的史学价值与文学价值，对后世的

史学创作和文学创作等都产生了较大影响。宋文帝称赞其为
"不朽"之作，绝非溢美之词。

史学价值

对《三国志注》的史学价值，过去有学者抱轻视态度，认为注释之文，不过是附庸之作。应该说，这是肤浅之见。好的著述必须配上好的注释，珠联璧合，相得益彰，才能成为史学瑰宝，垂范于后世。在今天看来，裴注的成绩是巨大的。

（1）注史体例的全面创新

我国为史书作注的风气，开始较早，至迟在汉代已有马融、郑玄注《尚书》，贾逵、服虔注《左传》，贾建注《国语》，高诱注《战国策》，服虔、应劭、蔡谟注《汉书》等，但这些史注的内容基本集中在音义、名物、地理、典故等的诠释、注解等方面。

裴松之的《三国志注》对史注进行了全面创新，重点在于补充史事，弥补本传过于简略的缺点。在《上三国志注表》中，裴松之曾明确指出其注史的指导思想是"务在周悉"，并且说："窃惟缀事以众色成文，蜜蜂以兼采为味，故能使绚素有章，甘逾本质。"就是说，注释史书要博采各方面的史料，方可超越所注之书，这是史注体中创新的思想。在这种思想的指导下，裴松之"上搜旧闻，旁摭遗逸"，尽可能地博引记载三国史事的著作。据统计，裴注所引用的魏晋人的著作多至二百一十余种，除去诠解文字及评论方面的书籍，尚有一百五十多种，来源相当丰富，其用力之勤绝不在原著以下。

除补充史事之外，裴松之还注意列举史书记载之异同，考辨其真伪，评论史家史书之得失优劣，并发表自己对史学的见

解。清代《四库全书总目提要》曾将裴注所用的注史方法，分析为六类："一是引诸家之论，以辩是非；二是参诸家之说，以核伪异；三是传所有之事，详其委屈；四是传所无之事，补其阙佚；五是传所有之人，详其生平；六是传所无之人，附以同类。"这样丰富的内容确非以往仅限于字句典故解释的史书可比，开创了一种注史的新体例，与汉末以来注释家着重于名物训诂的注释有着明显的进步，被称为"注家之变体"。它极大地丰富了原书的内容，使《三国志》一书得到了完善。

裴松之开创的这种史注新法，受到后世史家的好评。清代著名学者纪昀曾在《四库全书总目提要》中说，这种注释"详引诸书错互之文，折衷以归一是，其例最善"。清人钱大昭也盛赞此例，他认为注史与注经不同，注史应以达事为主，叙事不清，训诂再精也解决不了问题。而裴松之注书博引载籍，增广异闻，是是非非，使天下后世读者昭然可见，价值很高。

这种史注体例，对后世影响较大，后人颇有仿效者，如南朝齐梁刘孝标注《世说新语》、宋人王禹偁《五代史阙文》、宋人王皞的《唐余录》、宋人陶岳的《五代史补》、清人彭元瑞的《五代史记注》、清人吴士鉴《晋书斠注》等等。其成就虽不及裴松之，但在搜集资料和考辨讹异方面都颇费功力，对历史研究也作出了一定的贡献。

（2）珍贵的史料价值

裴注最为后人称道的一点，在于广辑资料，保存了大量的三国历史文献资料。裴注所引录的二百余种书籍，收入《隋书·经籍志》中的不过四分之三，到唐、宋以后就十不存一了。这些著作大都亡佚，而陈寿的《三国志》又太简略，后人只有依靠裴注，才能对历史事件的发展过程和历史人物的生平事迹知道得更加详备，对那个时代的历史现象认识得更加清楚。

《三国志》在许多关键处，如用人制度、战争、文学风气等方面都语焉不详，留下了不少遗憾。如魏晋时期影响极大的九品中正制的创立，《魏书·陈群传》中只有一句："制九品官人法，群所建也。"此外如官渡之战、赤壁之战等重大事件，建安文学、正始玄风等思想文化方面的重要变化等等，在《三国志》中也都记载不多。有鉴于此，裴注有意识引录了大量史料，许多失载的历史事实被补充，失于简略的被细化。可以说，没有裴注的补充，后人对那个时代的了解远远达不到今天所能达到的程度。

另外像边疆各族及外国的情况，裴注也引录补充了很多有价值的史料。如关于曹魏时期少数民族之一乌丸的情况，《三国志》中的相关记载很少，裴注引录鱼豢《魏略》和王沈《魏书》中的相关内容，介绍了乌丸的习俗、种姓、户口、婚俗、生产力水平等情况以及乌丸降附内地后与匈奴同为寇害，其后又亲附内地政权的详细经过。对研究乌丸的社会经济状况和三国时期的民族融合史，有着重大意义。关于曹魏时期鲜卑族的情况，裴注博引王沈《魏书》中的内容，补充了鲜卑的起源、风俗、控制地域、物产以及两汉曹魏以来的发展历程及与内地联系、交往的历史。把这些记载与北齐魏收的《魏书》相比较，不仅可以从内容上相互印证，而且在许多方面可以补充魏收《魏书》之不足。关于箕氏朝鲜和辰韩等地的中原移民问题，裴注引鱼豢《魏略》详细记载了自殷商末年到秦汉末年以来，大量的中原移民为了躲避战争的侵扰而逃亡朝鲜的情况，从而为研究中朝人民源远流长的交往史提供了有力的证据。关于氐人的历史，陈寿在《魏书·乌丸鲜卑东夷传》中只字未提，而裴注引鱼豢《魏略·西戎传》，详细记载了自"汉开益州，置武都郡，排其种人"后，氐人的分布区域、种群、人口、习俗以及氐人"多知中国语，由与中国错居故也"等史实，对于后人研究氐人的发展史和与中原汉族人民的交往融合史提供了宝贵的史料。

透过裴注，还可以透视三国两晋时代的史学发展情况。三国两晋时出现的有关三国史的著作很多，如专门写魏国历史的就有鱼豢的《魏略》、王沈的《魏书》、阴澹的《魏纪》、孙盛的《魏氏春秋》及《魏世谱》等；记载吴国历史的有韦曜的《吴书》、胡冲的《吴历》、环济的《吴纪》、张勃的《吴录》等；记载蜀汉历史的有王隐的《蜀记》、孙盛的《蜀世谱》等等。总述三国历史的除了陈寿的《三国志》外，还有习凿齿著的《汉晋春秋》（其中包括三国历史）等；此外，还有专门评论史料及史事的著作如孙盛《异同杂语》、徐众《三国评》等。至于著东汉或西晋史书而涉及三国史事的，更是不胜枚举，可谓蔚然大观，成果累累。但这些著作大多已经亡佚，不能窥其全貌。裴注征引丰富，较多地引录了他们的著作，通过裴注，后人可以大概了解三国两晋时代对三国历史的研究成果和史学水平，得到不少有益的资料。

而且裴注所征引的材料不但面广，而且首尾完整，尤为重要的是还保存了一些亲身见闻的资料。如《魏书·齐王芳纪》注引《搜神记》记载魏明帝的诏书中曾经提到，将魏文帝曹丕著的《典论》刊石立碑，立于庙门外和太学两处。裴松之说："松之昔从征西至洛阳，历观旧物，见《典论》石在太学者尚存，而庙门外无之，问诸长老，云：晋初受禅，即用魏庙，移此石于太学，非两处也。"这是极为难得的资料。

正因如此，裴松之的注文与陈寿的本传具有了同等重要的史料价值，被后世辑佚家视为瑰宝，在很大程度上成为研究三国史者获取史料的渊薮。近人张鹏一所辑鱼豢《魏略》，竟有一百三十余处引自《三国志注》。

而这些史注材料也为后代的史传著述所利用，对史书创作也产生了一定影响，《后汉书》即是一例。《后汉书》的作者范晔和裴松之是同时代人，裴松之比范晔年长二十岁，范晔作《后汉书》时，裴注已经成书。《后汉书》比《三国志》篇幅增多将近一倍，那些多出来的材料，大多是和裴注相同的。如《三国志·魏书·董卓传》注引《九州春秋》中董卓刚带兵入京时："卓初入洛阳，步骑不过三千，自嫌兵少，不为远近所服；率四五日，辄夜遣兵出四城门，明日陈旌鼓而入，宣言云：'西兵复入至洛中。'人不觉，谓卓兵不可胜数。"《后汉书》卷七二《董卓传》则云："初，卓之入也，步骑不过三千，自嫌兵少，恐不为远近所服，率四五日，辄夜潜出军近营，明旦乃大陈旌鼓而还，以为西兵复至，洛中无知者。"另如《后汉书·袁绍传》采录了裴注所引陈琳作《檄州郡文》，《后汉书·董卓传》采录了裴注引《英雄记》载"尸卓于市，于脐点灯"的细节等等。这些都是裴注影响《后汉书》创作的有力证据，只不过裴松之将其作为史注，而范晔则是直接写入了史传中。

文学价值

裴注引录了大量的美文，体现出很强的"雅好文采"的特点。对传世美文的保存成为裴注为中国文学作出的一大贡献，这些美文被后人奉为经典，广为流传。

《魏书·武帝纪》载，建安十五年（210）春，为招揽人才，曹操颁布了《求贤令》。在史传正文下，裴松之以注文的形式引录了当年十二月曹操写的《让县自明本志令》。这篇自传性质的文章，对曹操的经历、性格、思想等方面都有概括的叙述。先是自叙生平，反复申明自己大半生的行义节概和所立功勋，接着保证自己绝无篡汉之心，最后则断然表示：他将继续掌握并巩固现在已经得到的权力，绝不弃权让位。可以说是一篇叙事抒情的历史回忆录，是曹操五十六岁以前的自传。在这篇不过一千二百字的小短文里有不少具有鲜明个人风格的语言，它严峻却蕴含着浓厚的感情，既叙了生平，又剖明了心迹，曹操的自我形象得到鲜明展示。像这样的文告，除了曹操以外，一般文人是写不出来的。通过它，既有助于对曹操的生平、心理活动等进行深刻剖析，也有利于进一步了解汉魏之际的社会历史状况。而这篇令文现在也成了脍炙人口的名篇，被罗贯中充分利用，在《三国演义》中构成一段华彩篇章：

　　　　操顾谓众文官曰："武将既以骑射为乐，足显威勇矣。公等皆饱学之士，登此高台，可不进佳章以纪一时之胜事乎？"众官皆躬身而言曰："愿从钧命。"时有王朗、钟繇、王粲、陈琳一班文官，进献诗章。诗中多有称颂曹操功德巍巍、合当受命之意。曹操逐一览毕，笑曰："诸公佳作，过誉甚矣。孤本愚陋，始举孝廉。后值天下大乱，筑精舍于谯东五十里，欲春夏读书，秋冬射猎，以待天下清平，方出仕耳。不意朝廷征孤为典军校尉，遂更其意，专欲为国家讨贼立功，图死后得题墓道曰：'汉故征西将军曹侯之墓'，平生愿足矣。念自讨董卓，剿黄巾以来，除袁术、破吕布、灭袁绍、定刘表，遂平天下。身为宰相，人臣之贵已极，又复何望哉？如国家无孤一人，正不知几人称帝，几人称王。或见孤权重，妄相忖度，疑孤有异心，此大谬也。孤常念孔子称文王之至德，此言耿耿在心。但欲孤委捐兵众，归就所封武平侯之国，实不可耳：诚恐一解兵柄，为人所害；孤败则国家倾危；是以不得慕虚名而处实祸也。诸公必无知孤意者。"众皆起拜曰："虽伊尹、周公，不及丞相矣。"后人有诗曰："周公恐惧流言日，王莽谦恭下士时。假使当年身便死，一生真伪有谁知！"

其他如《三国志》卷二十一王粲传记附吴质传，传文仅三十一字，注文却有近两千字，其中详细引录了《魏略》中收录的曹丕写给吴质的几封信。为什么要不惮烦冗详加抄录呢？裴松之解释说："臣松之以本传虽略载太子此书，美辞多被删落，今故悉取《魏略》所述以备其文。"明确说明是因为曹丕的文辞优美，而《三国志》本传中多删除不用，非常可惜，是出于文学价值高而加以引录的。而曹丕的文章的确优美，试举较短的一篇便可见之：

季重（吴质字季重）无恙！途路虽局，官守有限，愿言之怀，良不可任。足下所治僻左，书问致简，益用增劳。每念昔日南皮之游，诚不可忘。既妙思六经，逍遥百氏，弹棋闲设，终以博弈，高谈娱心，哀筝顺耳。驰骛北场，旅食南馆，浮甘瓜于清泉，沈朱李于寒水。皦日既没，继以朗月，同乘并载，以游后园，舆轮徐动，宾从无声，清风夜起，悲笳微吟，乐往哀来，凄然伤怀。余顾而言，兹乐难常，足下之徒，咸以为然。今果分别，各在一方。元瑜（阮瑀字元瑜）长逝，化为异物，每一念至，何时可言？方今蕤宾纪辰，景风扇物，天气和暖，众果具繁。时驾而游，北遵河曲，从者鸣笳以启路，文学托乘于后车，节同时异，物是人非，我劳如何。今遣骑到邺，故使枉道相过。行矣，自爱。

由于裴松之推重辞采，对文学有着独特的鉴赏眼光，使得魏晋间许多传世美文得以保存，在更大范围内广泛流传。许多传世美文都最早出自裴注引录，如曹丕《与吴质书》《又与吴质书》，曹操《让县自明本志令》，曹植《与杨修书》，杨修《答曹植笺》，李密《陈情表》，孔融《论盛孝章》，陈琳为袁绍作《檄州郡文》，王朗《与许靖书》等等。

另外，裴注还具有很强的"嗜奇爱博"的特点，这为后世的文学创作提供了丰富的素材。在裴注所引录的宏富的书籍中，野史杂传占了相当比例。这些书的文学性大大超过了正史，叙事详尽，注重奇事异闻，情节曲折生动，文笔铺张灵活，已经具有了小说的某些艺术特点，如《曹瞒传》就可以看作一篇传记小说。再加上裴松之搜奇猎异的癖好，更增添了注文的故事性。这些野史杂传的品读者主要是中上层人士，而通过他们又可迭连传播，使三国历史文化从上层走向民间。后世的许多三国题材的通俗文艺作品如话本、讲史、小说、戏曲等，其素材大多来自这众多的野史杂传。

当然，裴注也有不足之处。如补充史料略嫌芜杂，多述当时佛教盛行之下流传的民间神奇鬼怪之事等等，因而被后人指责为"嗜奇爱博，颇伤芜杂""凿空怪语""悉与本事无关"。如《袁绍传》中记胡母班受董卓之命出使袁绍处，而袁绍指使河内太守王匡杀了他。裴注引录了谢承《后汉书》中胡母班的事情，本已补足了《三国志》所失略。但裴注接着又说："班尝见太山府君及河伯，事在《搜神记》"。另如《明帝纪》在公孙渊为大司马乐浪公下，裴注引《世语》曰"汉故度辽将军范明友鲜卑奴，年三百五十岁，言语饮食如常人"。又引《博物志》说："京邑有一人，失其姓名，食啖兼十许人，遂肥不能动。"又引《傅子》说："太原发冢破棺，棺中有一生妇人。"《钟繇传》注中引陆氏《异林》"钟繇狎鬼妇"事等等皆是此类。

此外，裴注虽以博详著称，但仍然有不少遗漏之处。《三国志》失载的一些重要史实，裴注也没有补入。另外，《三国志》中还有六十一篇本传或附传，通篇无注，甚至包括不少重要的政治、军事人物，如《魏书》中乐进、许褚、典韦、丰愍王（曹）昂、乐陵王（曹）茂孙礼等，《蜀书》中的后主敬哀皇后、刘永、刘理、黄忠、伊籍、蒋琬等，《吴书》中吴主权王夫人（南阳人）、孙瑜、丁奉、吕据、孙霸、华覈等人。这不能不说是一种遗憾。

但整体来看，裴注仍不失为一部优秀的史注。从传统史著的标准来看，"繁芜"的确是缺点，其中引录的很多资料属于"幽明怪异"之事，经不起科学的推敲。如钟繇狎鬼妇、蒋济的儿子死后为泰山伍伯、迎孙阿为泰山令等事。这跟当时的认知水平、社会风气有关系。魏晋南北朝时期，志怪小说大盛，而且大都以证明神道之不诬为宗旨。裴松之引录神怪之事，应该也是本着史家如实记载的态度注补的，他作为史学家，并不是不能作出判断，只是认知水平无法超越历史局限，所以这类注补另当别论。而且对于很多异说，裴松之都有按语，说明他是有判断的。这也与其"绘事以众色成文，蜜蜂以兼采为味"的注补原则相一致。这些"幽明怪异"之说或许经不起科学的推敲，也许不为史实，但仍然曲折地反映了当时的历史状态与人们的生存状况。而且在数万条注文中，这种"繁芜"的注文也比较少，更多的注文都是经过精心选择的，其或详或略，或引或载都是经裴松之精审过的，有一定的注史体例，并不是一味漫引滥登。与其说裴注失之于繁芜，不如说其优在博详。

四、裴松之的史学观

"直笔实录"的史学思想

裴松之继承了"直书实录"的优良传统，将其视为史家所必须具备的态度。以此为原则，裴松之对其所引录的各种史书进行了评论，对于其中的失实记载以及当时的虚浮史风，都给予了严厉批评。

在魏晋南北朝急剧的社会变革中，史学出现了前所未有的新局面，范围扩大，体裁增加，数量众多，以致"一代之史，至数十家"，尤其是以人物传记为中心的纪传体史书特别丰富。而随之相应的是以褒贬人物为特点的"春秋笔法"极为盛行，有些史家舞词弄札，文过饰非，歪曲事实而不以为耻。裴松之对于这种诬枉视听之作深恶痛绝，将批评的矛头对准了这股虚浮之风，在《三国志·魏书·陈群传》注中，他说："凡记言之体，当使若出其口。辞胜而违实，固君子所不取，况复不胜而徒长虚妄哉?"对于一些史家务求异闻以致失实的记载，裴松之都尽可能地一一予以辩证，并加以斥责。如在《魏书·武帝纪》注中批评孙盛说："史之记言，既多润色，故前载所述有非实者矣，后之作者又生意改之，于失实也，不亦弥远乎！凡孙盛制书，多用《左氏》以易旧文，如此者非一。嗟乎，后之学者将何取信哉！"在《蜀书·后主传》注文中，针对鱼豢《魏略》中刘禅幼时与刘备失散，成人后父子方得以相认一事，裴松之经过详细的考证后，批评鱼豢是"妄说"。其他如在《魏书·董卓传》注中批评谢承"妄记"，在《庞惠传》注中批评王隐"虚说"等等都是。

尤以对乐资、袁暐二人的批评最为尖锐、严厉。《蜀书·马超传》注引录了《山阳公载记》中的内容，说马超刚入蜀时，刘备待之甚厚，马超因而骄傲自矜，常常直呼刘备的字。关羽、张飞因而大怒，想要杀掉马超，被刘备制止。二人就于刘备大会群臣时请马超进殿，持刀立于刘备身后。马超大惊，从此谨守臣礼，再不直呼刘备的字。对于此事，裴松之评论道："臣松之按以为超以穷归备，受其爵位，何容傲慢而呼备字？且备之入蜀，留关羽镇荆州，羽未尝在益土也。故羽闻马超归降，以书问诸葛亮'超人才可谁比类'，不得如书所云。羽焉得与张飞立直乎？凡人行事，皆谓其可也，知其不可，则不行之矣。超若果呼备字，亦谓于理宜尔也。就令羽请杀超，超不应闻，但见二子立直，何由便知以呼字之故，云几为关、张所杀乎？言不经理，深可忿疾也。袁暐、乐资等诸所记载，秽杂虚谬，若此之类，殆不可胜言也。"另外在《魏书·袁绍传》注中，针对二人的《山阳公载记》及《献帝春秋》中所说的审配在曹操率兵入城时战败，逃入井中躲避一事，裴松之愤然说："不知资、暐之徒，竟为何人？未能识别然否，而轻弄翰墨，妄生异端，以行其书。如此之类，正足以诬罔视听，疑误后生矣！实史籍之罪人，达学之所不取者也！"能有这样的识见和斗争精神，对于一个史学家来说是难能可贵的。

此外，裴松之还认为"以爱憎为厚薄"的著史态度有失史法，也是一忌。如《魏书·崔琰传》注文引录了孙盛《魏氏春秋》中的内容，其中对孔融的八岁小儿的聪明予以赞美，说他能洞察祸福，因而见父被执而毫无变容，弈棋不起，一副悠闲逸乐的神态。裴松之指出，孙盛此举本来是为了博取美谈，但却适得其反，他笔下的孔融儿子的行为违背了人之常情，废念父之情，"无乃贼夫人之子与！盖由好奇情多，而不知言之伤理"。

鉴戒史观

裴松之具有很强的以史为鉴的思想，强调史学的现实功用性。在具体注史过程中，他自觉以此为标准来选择史料，并加以评论，以为后世提供借鉴为终极目的。这既与中国传统史书的著述宗旨相吻合，也与宋文帝下诏注史的出发点相一致。

对史学的鉴戒功能，很多史家都曾进行过阐述，裴松之的言论更加典型，他在《上三国志注表》中曾明确地说："臣闻智周则万里自宾，鉴远则物无遗照，虽尽性穷微，深不可识，至于绪余所寄，则必接乎粗迹。是以体备之量，犹曰好察迩言；畜德之厚，在于多识往行。伏惟陛下道该渊极，神超妙物，晖光日新，郁哉弥盛。虽一贯坟典，怡心玄颐，犹复降怀近代，博观兴废，将以总括前踪，贻诲来世。"这段话体现了裴松之对历史鉴戒作用的深刻认识。他先从常理说起，认为一个人能思虑周备，则万事之理自然有序；悬镜高远，则所照之物尽显镜里。对历史的认识，人们虽尽性探微，亦未必识透其中奥秘。但从其连绵发展的启示中，还是可以揭示其大致规律的。因此，想要取得周备的识见，仍然需要听取周围的嘉言美谈；要培养敦厚的道德，就应以前人为借鉴。因此，他向宋文帝劝谏说：您虽然通晓典籍，深爱探究玄理，但还是应该关注近代的史事，广泛地考察历朝历代的兴衰得失，以求取得对历史发展大势的综合认识，并垂留后世，用以启发教育后人。可见，他对史学鉴戒作用的认识，已经从传统的对人物的褒贬，上升到对治国措施的探讨了。在他看来，史学的重要价值之一，就在于为当今统治者的治国提供政策及理论等方面的借鉴。

出于鉴戒目的，裴松之要求史书记载要能够达到为后世借鉴的要求。如《吴书·诸葛瑾传》中曾记载了孙权对曹魏政治形势的一段分析，他认为曹魏政权"群下争利，主幼不御"，为乱亡之道。对此，裴松之评论说，孙权的分析在魏明帝时未能应验，却在魏齐王时得到应验，因而"史载之者，将以主幼国疑，威柄不一，乱亡之形，有如权言，宜其存录以为鉴戒"。

裴松之特别注重作为近代史的三国历史的发展演变，对魏、蜀、吴三国的兴亡作了大量的补充，并作了很多的分析，总结其经验教训，以供宋文帝和后人借鉴。三国之中，孙吴的灭亡对刘宋政权尤其具有现实意义。因为孙吴与刘宋形势比较相似，不仅时间相距仅百余年，而且统治中心同处一个地理区域，又都有强大的外部威胁。深刻反思孙吴灭亡的原因，对面临内忧外患的宋文帝来说非常重要。裴松之对孙吴的亡国作了比较多的分析。在《三国志》中，陈寿认为孙吴的最终灭亡根源于孙权晚年亲幸小人，妄行废黜。裴松之则认为，孙吴的丧国根本原因不在于废黜，而在于君主的昏虐，不爱惜民力，以致天下怨望，民心背离。如在对待公孙渊的问题上就犯了很大的错误。当时割据辽东的公孙渊派来使者向孙权称臣，孙权非常高兴，打算派使者去封公孙渊为燕王，还要派将领率兵一万一同前去。文武大臣都极力劝止，说这是公孙渊背叛魏国之后受到了魏国的压力，想利用江东来对抗魏国，根本不用这么兴师动众，只派个使者去就行了。孙权不听，派太常张弥、执金吾许晏、将军贺达领兵万人，带着大量的金银财宝等物，渡海封公孙渊为燕王。结果公孙渊反复无常，斩杀使者，又归降了曹魏一方。对此，裴松之批评孙权"愎谏违众，信渊意了，非有攻伐之规，重复之虑，宣达锡命，乃用万人，是何不爱其民，昏虐之甚乎？此役也，非惟暗塞，实为无道"。他又进一步指出，不管孙权是否废黜孙和为嗣，孙皓都会继承吴国政权。孙权晚年刚愎自用，孙皓又残酷昏庸，施行暴政，以致民怨沸腾，国是日非，最终走向衰败灭亡。

裴松之提供的这些内容都值得宋文帝借鉴，对他颇有启发。因而，宋文帝在读了《三国志注》后，高度赞扬为"不朽"之作。这不仅是对注文的赞赏，也是对史书鉴戒功能的认同。

进步的社会史观

跟同时代的史家相比，裴松之具有更加进步的社会史观。他能够突破传统观念的拘囿，以大一统的观点来评判史事。而在评论历史人物时，又能把具体历史背景与人物事迹结合起来，提出了"贵在当时之宜"的进步观点。

裴松之反对分裂，主张统一，这源于他对三国及魏晋历史的深刻认识与总结。自东汉末年至刘宋元嘉初年的二百四十余年间，除西晋二十年的短暂统一外，其他时间都处在分裂割据的战乱局面中。而东汉末年的军阀割据、混战给社会造成的破坏尤其大。裴松之对战乱给民众造成的灾难极为痛心，他曾经说："自中原酷乱，至于建安，数十年间，生民殆尽，比至小康，皆百死之余耳。"他感慨于政权割据、战争频仍给社会造成的伤害，希望实现天下一统，结束动荡纷争，让百姓安居乐业。裴松之的大一统史观从以下几件事情中可窥一斑。

反对贾诩劝曹操之论。建安十三年（208），曹操破荆州之后，想举兵东下消灭孙吴。谋臣贾诩反对出兵，主张"乘旧楚之饶，以飨吏士，抚安百姓，使安土乐业，则可不劳众而江东稽服"，认为如果实行传统的"仁政"，采取安民政策，自能争取民心，取得胜利。对此，裴松之提出了反对意见。他认为贾诩的主张不合乎当时的历史形势，当时韩遂、马超等人在陇右给曹操造成极大的威胁，曹操不可能安坐郇都而以威力平服孙吴。荆州是孙权、刘备必争之地，当地人心服于刘备的仁政，害怕孙权的武略，时间一长，民心已定，不是曹操集团的将领所能抗御得了的。而新破荆州之后，曹军威名远扬，又新收编了刘表的水军，军容大盛，实在是统一天下的大好时机。不趁此机会平吴，还等什么呢？虽然最终赤壁之战以失败而告终，但主要是由于当时曹军中疾病瘟疫大兴，损伤了兵力。是天命，而不是人事的失误。曹操引军征吴之举，不能说是失算。贾诩的建议才是"无当"之言。他更进一步指出，后来曹操征讨张鲁而得汉中，却没有抓住"蜀人震恐，其势自倾"的大好时机，从而失去了统一天下的机会。可见，他对曹操的统一天下之举是赞同的。

裴松之肯定张昭劝孙权降操的主张，也体现了他大一统的进步史观。《三国志》中记载，赤壁之战前，曹操八十三万军马兵临赤壁，东吴上下大惊失色，除周瑜、鲁肃主战外，其余百官纷纷主和，主和就是投降，其代表人物就是曾备受重用的老臣张昭。一般学者对张昭持批判态度，而裴松之则别具慧眼，他认为：“若使昭议获从，则六合为一，岂有兵连祸结，遂为战国之梦哉！虽无功于孙氏，有大当于天下矣。”大意是说，如果张昭主和的建议被采纳，天下实现一统，哪里再会有连年征战？他的主张虽然对孙氏政权无益，但有利于天下苍生，实在是志存高远。在封建时代的史家中，能从大一统的角度来看待问题的并不多，裴松之此论，反映了他反对分裂、渴望统一的进步史观。

在评价历史人物时，裴松之提出了“贵在当时之宜”的观点，也反映了他进步的史学观。他认为，评价历史人物和历史事件，贵在中肯、公允。而要做到这一点，就要求史家要设身处地，不能单凭自己的私人情感而随意毁誉褒贬。由此，他提出了“贵在当时之宜”的观点，既反对随意拔高的溢美之词，又批评不顾实际情况的毁恶太过。如《蜀书·姜维传》中记载，姜维在蜀亡后依然力图复国，事情泄露后被杀。对于姜维的投降和降后的图谋再起，不少人持否定态度，如孙盛就批评姜维：“进不能奋节绵竹之下，退不能总帅五将，拥卫蜀主，思后图之计，而乃反覆逆顺之间，希违情于难冀之会，以衰弱之国，而屡观兵于兰秦，已灭之邦，冀理外之奇举，不亦暗哉！”对此，裴松之批评他不能设身处地，从当时的实际情况出发，仅仅以成败论英雄。他说：“当时钟会已到剑阁，姜维与将领们列营守险，阻击钟会，钟会无法前进，已经准备退兵。姜维等保全蜀国的功劳，差一点就建成了。不料邓艾偷渡阴平，出现在后方，诸葛瞻战败，成都自溃。在这种情况下，姜维如果回师救援成都，钟会则会进击其后。形格势禁，难以两全。因此，如果责备姜维不能奋节绵竹、拥卫蜀主，那实在是强人所难，没有道理。后来钟会要坑杀魏将以举大事，授予姜维重兵，让他做前驱。如果不出意外，这件事能够成功的话，兵权就握在姜维手中了。那么，杀掉钟会，恢复蜀汉，也不是难事，也还是可能的。一般说来，在情理之外获得成功，才算是'出奇'。我们不能因为事情没有按预期发展，出了差错，就说姜维不好。试想，假如当年田单定计之后，机会不好，没能成功，难道我们也说田单愚蠢暗昧吗?"

综上所述，裴松之的史学观是进步的。他继承了传统史学"直笔实录"的优良传统，为了维护史学的真实性而与一切虚妄作风作斗争；以史为鉴的史学观使其注文具有了指导现实政治的意义与价值，而其反对分裂，主张统一的大一统思想与"贵在当时之宜"的人物评判标准也反映了他思想的进步性。他的这些思想不仅在当时是难能可贵的，即使在今天也值得发扬光大。

千百年来，裴注以其独特的价值影响了若干代人，与陈寿的《三国志》成为不可分割的有机整体。二者珠联璧合，相得益彰，共同树立起一座史学丰碑，成为后世枝繁叶茂的"三国文化"的源头。

第 3 章

三 国 文 化

297 年，六十五岁的陈寿没能赶回故乡便病死在都城洛阳。而他在历史的长河中撷取下来的这段历史，不仅被中国人奉为经典，更进而影响着整个世界。《三国志》中所体现出来的智慧与谋略被广泛应用在政治、军事、商业等各个领域，并衍生成一种独特的文化现象——三国文化。在光辉灿烂、博大精深的中华文化中，三国文化是最有活力，最具有雅俗共赏特色的"亚文化"之一。

一、"三国文化" 之源

"三国文化"的形成，经历了一个漫长的过程。《三国志》的成书是陈寿对中国乃至世界文化作出的卓越贡献。《三国志》面世之后，在社会上广泛传播，三国故事深入人心。但它以简洁为尚，生动性、丰富性还略显逊色。裴松之的《三国志注》对其进行了完善，为历史框架添补上丰富的血肉，成为由历史到小说之间的一个必要环节。或者说，陈寿的历史叙述提供了

"故事"，而裴注则以种种话语方式把这些"故事"转换成了"情节"。《三国志》与裴注一起被视为如今枝繁叶茂的"三国文化"的源头。

《三国志》的传播

《三国志》一经面世，就在社会上广泛流传，影响极大。晋惠帝在看过《三国志》后当即下诏，命令每家每户都要抄写《三国志》，这使得其中的故事很快就在民间普及。影响所及还达于边陲。1924 年，新疆鄯善县出土了《三国志·吴书·虞翻传》残片；1965 年，在新疆吐鲁番又先后出土了《三国志·魏书·臧洪传》和《吴书·吴主权传》残片。其中《虞翻传》和《孙权传》残片，郭沫若判定分别是东晋抄本和西晋抄本。此外，甘肃敦煌研究院藏有一份《三国志·吴书·步骘传》残卷，据学者考订当为东晋元帝时的抄本。这些都是《三国志》在两晋时期广泛流传的明证。而之后的千百年间，《三国志》以其独特的价值与魅力吸引了一代又一代读者，而三国史事也由此为人所熟知。

《三国志》还流传到海外，曾被翻译成日、韩、英、俄、法、越等多国文字，遍播五洲，尤其是在东亚儒文化圈内产生了较大影响。

《三国志》很早就传到了日本，并为日本人民所喜爱。《三国志·魏书》中的《乌丸鲜卑东夷传·倭》（日本学者习惯上称为《魏志·倭人传》），记载了日本的远古历史，保存了极为珍贵的历史资料。如果没有陈寿的相关记载，日本人还无从得知他们的远古历史是怎样的。《日本书纪》的"神功皇后纪"中就有三处引用了这篇传记（39 年、40 年、43 年注）。《续日本纪》中记载，神护景云三年（769）十月，称德天皇赐给太宰府学五部书，即《史记》《汉书》《后汉书》《三国志》和《晋书》。平安时代宽平三年（891）期间，在藤原佐世编写的《日本国见在书目录》中也列有《三国志》书名。此后，在藤原通宪（？~1159）的藏书中也有《魏蜀吴志》，看来，这就是当时的《三国志》。而且，在藤原赖长（1120~1156）的"台记"（日记）中也写有他曾读过《三国志》的记事。南朝梁的昭明太子将诸葛孔明的《出师表》收入了他编纂的《文选》之中。而在当时的日本，昭明太子的《文选》和白居易的《白氏文集》并列为平安时代贵族文人的必读书籍。所以，即使没有读过《三国志》的人，也能在《文选》中看到《出师表》。以上种种，都可见《三国志》在日本流传之广泛。

《三国志》在朝鲜也有很旺的人气。自朝鲜初期传入以来，深受各阶层人士和民众的喜爱，市面上流传有很多种版本，有以上流阶层为对象的原文版、读颂用的悬吐文版本、反映民众要求的用当地语言标记的翻译本以及改编本等。后来，《三国志》的翻译本达到一百四十四种，成为大众化读物，几乎形成了"三国志文化"。与《三国志》内容有关的俗语或故事也大量派生，在民众心目中深深地扎下了根。

《三国志》取得的成就是巨大的，它在广泛流传过程中赢得了广大的受众群体，其中蕴含的文化精神对中国社会产生了潜移默化的影响，并衍变成为一种独特的文化现象——"三国文化"。各个朝代有关三国的诗词歌赋小说等文学形式的创作、讲史平话的编讲、戏剧曲艺电影电视片的创演、当下三国文化旅游市场的旺势，都是源自《三国志》。正因如此，陈寿为他的家乡四川省南充市赢得了"三国文化源头发祥地"的美誉。

《三国志注》的影响

《三国志》使得三国故事深入人心，但其简洁质直的特点使其生动性、丰富性还略显逊色。裴松之的《三国志注》对此进行了完善，为后世三国题材的文学形式提供了丰富的素材，成为历史叙事到文学叙事之间的一个必要环节。

如前所述，裴注具有很强的"嗜奇爱博"的特点，引录了大量的野史杂传。这些书的文学性大大超过了正史，情节曲折生动，文笔铺张灵活，已经具有了小说的某些艺术特点，再加上裴松之搜奇猎异的癖好，更增添了注文的故事性。

如钟繇狎鬼妇事。钟繇是曹魏时期著名的书法大家，是楷书的创始者，其书法绝妙，如飞鸿戏海，舞鹤游天，博采众长而又自成一家，尤精于隶书与楷书。他与大书法家胡昭并称"胡肥钟瘦"，与晋代王羲之并称"钟王"，可谓名重一时。本传对此都没有记载，裴注也没有就此加以补充，反而引录了陆氏《异林》的一则颇为离奇的故事：

> 陆氏《异林》曰：繇尝数月不朝会，意性异常，或问其故，云："常有好妇来，美丽非凡。"问者曰："必是鬼物，可杀之。"妇人后往，不即前，止户外。繇问何以，曰："公有相杀意。"繇曰："无此。"乃勤勤呼之，乃入。繇意恨，有不忍之心，然犹斫之伤髀。妇人即出，以新绵拭血竟路。明日使人寻迹之，至一大冢，木中有好妇人，形体如生人，著白练衫，丹绣祎裆，伤左髀，以祎裆中绵拭血。

《蒋济传》中，裴注还引录了《列异传》中蒋济的儿子死后为泰山伍伯，迎孙阿为泰山令的故事：

《列异传》曰：济为领军，其妇梦见亡儿涕泣曰："死生异路，我生时为卿相子孙，今在地下为泰山伍伯，憔悴困辱，不可复言。今太庙西讴士孙阿，今见召为泰山令，愿母为白侯，属阿令转我得乐处。"言讫，母忽然惊寤，明日以白济。济曰："梦为尔耳，不足怪也。"明日暮，复梦曰："我来迎新君，止在庙下。未发之顷，暂得来归。新君明日日中当发，临发多事，不复得归，永辞于此。侯气强，难感悟，故自诉于母，愿重启侯，何惜不一试验之？"遂道阿之形状，言甚备悉。天明，母重启侯："虽云梦不足怪，此何太适？适亦何惜不一验之？"济乃遣人诣太庙下，推问孙阿，果得之，形状证验悉如儿言。济涕泣曰："几负吾儿。"于是乃见孙阿，具语其事。阿不惧当死，而喜得为泰山令，惟恐济言不信也。曰："若如节下言，阿之愿也。不知贤子欲得何职？"济曰："随地下乐者与之。"阿曰："辄当奉教。"乃厚赏之，言讫遣还。济欲速知其验，从领军门至庙下，十步安一人，以传阿消息。辰时传阿心痛，巳时传阿剧，日中传阿亡。济泣曰："虽哀吾儿之不幸，且喜亡者有知。"后月余，儿复来语母曰："已得转为录事矣。"

这些富有文学色彩的故事，成为后世笔记小说、戏曲、平话、讲史等文学形式的重要素材来源。

此外，《三国志》的叙述对象多为军国要人，旁及异人方士，少有平民百姓。裴松之为《三国志》作注，基本上也是如此，但补充了历史人物的生活环境，旁及其妻妾亲族，异人方士的比重也大大加强。在表现人物时注意搜集其完整的生活图景，表现其"流风遗迹"。细节性、场景性描写较多，带有很强的文学性。如写曹操迎丁夫人事：

> 太祖（曹操）始有丁夫人，又刘夫人生子修及清河长公主。刘早终，丁养子修。子修亡于穰，丁常言："将我儿杀之，都不复念。"遂哭泣无节。太祖忿之，遣归家，欲其意折。后太祖就见之，夫人方织，外人传云："公至"，夫人踞机如故。太祖到，抚其背曰："顾我共载归乎？"夫人不顾，又不应。太祖却行，立于户外，复云："得无尚可邪？"遂不应，太祖曰："真诀矣。"遂与绝，欲其家嫁之。其家不敢。初，丁夫人既为嫡，加有子修，丁视后（卞夫人）母子不足。后为继室，不念旧恶，因太祖出行，常四时使人馈遗，又私迎之，延以正坐而己下之，迎来送去，有如昔日。丁谢曰："废放之人，夫人何能常尔邪！"其后丁亡，后请太祖殡葬，许之，乃葬许城南。后太祖病困，自虑不起，叹曰："我前后行意，于心未曾有所负也。假令死而有灵，子修若问：'我母所在'，我将何辞以答！"

这个故事，俨然是一出三折家庭剧：第一折叙事件起因，写曹操与丁夫人矛盾；第二折承上转叙丁、卞二夫人矛盾关系；第三折写曹操内心矛盾。全篇以丁夫人为明线，以"人情"为暗线贯穿始终，前后照应，矛盾起伏。写了丁夫人爱子、倔强、自尊，也写了卞夫人的大度善良，更重要的是写了曹操这位叱咤风云的英雄性格中柔软的一面：儿女情长，特别是他请归丁夫人一节人物的出场、活动、对话、退场，都写得逼真传神。这种表现历史场景和多方面反映人性叙事意识的努力，为史料灌注了浓厚的文学性。

裴注中的这些故事非常注重细节与情景的展现，极富艺术感染力。或者说，陈寿的历史叙述提供了"故事"，而裴注则以种种话语方式把这些"故事"转换成了"情节"。其中的许多史料成为后世的讲史、小说、戏曲、诗文等各种文学形式的素材，被一再拓展、改编，三国故事的受众群体得以进一步扩大，而其中的文化特质与精神内涵也在逐渐丰富。

二、三国故事的传播与接受

由于历史材料完备而且富于传奇色彩，三国故事很早就在民间流传，后来又通过诗词歌赋戏曲小说等各种文艺载体持续扩大其影响力。而在辗转相传的过程中，人们又根据其爱憎不断加工，使得三国人物故事逐渐变形，愈传愈奇。有的传说内容被收入野史、笔记、志怪小说及其他记载。这些流传于口头与记入书中的传说故事，随着时代的发展越来越丰富，在"说三分"艺人口中蔚然大观，最终在元末明初成就了一代名著——《三国演义》。

隋唐宋

隋唐时期，三国是人们最感兴趣的一段历史，三国故事则成为通俗文艺最重要的创作素材。

在隋代，随着一统局面的出现，南北文化实现了交融，城市经济呈现出繁荣景象。长安和洛阳是当时最大的商业城市，四方商旅云集，店铺林立，珍奇荟萃。在这种繁荣的经济局面下，城市人口迅速增加，出现了数量庞大的市民阶层，而与他们生活相适应的文化娱乐如"市人小说""人间小说"等艺术形式应运而生（"市人小说""人间小说"为"说话"之类，类似后世的"说书"）。三国故事就是通俗文艺中最重要的创作素材之一。

唐人颜师古的《大业拾遗记》中提到隋炀帝曾在曲水观看傀儡戏——"水饰"，其中演三国故事的就有六种："曹瞒浴谯水，击水蛟；魏文帝兴师，临河不济；杜预造河桥成，晋武帝临会，举酒劝预；……吴大帝临钓台望葛玄；刘备乘马渡檀溪……周处斩蛟……"。"刘备乘马渡檀溪"的故事现存最早的文字记载见于裴松之《蜀书·先主传》注：

> 《世语》曰：备屯樊城，刘表礼焉，惮其为人，不甚信用。曾请备宴会，蒯越、蔡瑁欲因会取备，备觉之，伪如厕，潜遁出。所乘马名的卢，骑的卢走，堕襄阳城西檀溪水中，溺不得出。备急曰："的卢：今日厄矣，可努力!"的卢乃一跃三丈，遂得过，乘桴渡河，中流而追者至，以表意谢之，曰："何去之速乎!"

到唐朝时，社会上出现了一种新兴的行业——说书，推动了三国故事在民间的普及。唐代社会尤其是城市生活呈现出繁华平和的景象，各种民间文艺应运而生。唐朝又是佛教的隆盛时代，随着寺院布教活动的开展，产生了种种"变文"及讲唱，其中的俗讲场面尤为热烈，赢得了许多信众的认可。这类形式很快为世间民众所接受，就有了说书人这个行当，民众也乐于他们讲说历史故事或社会奇闻等。李商隐《骄儿诗》中有这样两句："或谑张飞胡，或笑邓艾吃"，这可能是说书人讲三国时对张飞、邓艾二人不同的形象描绘，二人被赋予生动的喜剧色彩，而且成为儿童的谈笑之资。而从张飞到邓艾，差不多已包括了三国鼎立的全过程。可见在当时，三国人物已经差不多家喻户晓了。

到了宋代，城市生活进一步兴盛繁荣，"说三分"的盛行更开创了三国故事传播的新纪元。

较之隋唐，两宋时期的城市经济有了更进一步的发展。赵匡胤建立北宋王朝后，逐步统一了全国，结束了五代十国长期分裂的割据混乱局面。社会承平，生活安定，城市生活愈发多姿多彩。各大城市中，商铺邸店与酒楼旅馆等随处可见，还出现了繁盛的夜市。城市人口也十分稠密，市民阶层急遽壮大，北宋国都东京的居民达百万之多，南宋国都临安的人口更达到一百二十多万。为了适应庞大的市民阶层文化娱乐的需求，民间文艺更加发达，已有了专业的说书场所——瓦舍，"说话"这种艺术形式在"瓦舍"中迅速兴盛起来。"讲史"是"说话"艺术的重要一家，而"说三分"又在讲史中脱颖而出，成为其中一个重要分支，在社会上影响很大，出现了许多著名的"说三分"的行家。"说三分"，就是讲三分天下的三国时期的历史故事，这种艺术形式对三国故事的创作和传播起到了决定性的作用，真正将三国故事推向了社会。

讲史艺人将魏晋南北朝、隋唐的三国传说故事搜罗汇总到一起，在集大成基础上再加以升发创造，并已形成"尊刘贬曹"的主导倾向。宋代文学家苏轼在《东坡志林》中曾提到："王彭尝云：途巷中小儿薄劣，其家所厌苦，辄与钱，令聚坐听说古话。至说三国事，闻刘玄德败，颦蹙有出涕者；闻曹操败，即喜唱快。以是知君子、小人之泽，百世不斩。"这是北宋民间听三国故事的一则趣闻轶事，从中可见"爱刘""恶曹"的观念已形成于儿辈之中。

其他文艺形式如影戏、戏曲等中也有三国故事，宋人高承《事物纪原》载："宋朝仁宗，市人有能谈三国事者，或采其说加缘饰、作影人，始为魏吴蜀三分战争之象。"宋人张耒的《明道杂志》中也记载京师富家儿喜欢看影戏，每看到关羽殉难时，就终日不乐。这些都说明三国故事在当时已经非常普及，尊刘反曹的道德倾向也逐步加强。

金元

在中国戏曲史上，以三国故事为题材的作品为人们喜闻乐见。由演员扮演三国人物的三国戏，在宋代即被搬上舞台，影响广泛，深入民间。金院本中也有一些三国故事，如《赤壁鏖兵》《刺董卓》《襄阳会》《大刘备》《骂吕布》等。这些三国剧目在今天都有目无文，现存最早的三国戏剧本，是在宋代杂剧、金院本基础上兴盛起来的元杂剧中的三国戏。

在元杂剧的各种题材中，历史剧备受人们欢迎，三国戏又是其中最为兴盛的一类。从杂剧之父关汉卿到一般剧作家，都纷纷争写三国戏，甚至出现了不同作家争写同一故事的同名剧本现象。元代三国戏的数目非常可观，有关三国故事的杂剧可达六十余种，占了现在所知元杂剧作品总数的近十分之一。如关汉卿《关张双赴西蜀梦》《管宁割席》《关大王单刀会》，高文秀《刘玄德独赴襄阳会》《周瑜谒鲁肃》，王德信《曹子建七步成章》，武汉臣《虎牢关三战吕布》，王仲文《七星坛诸葛亮祭风》《诸葛亮秋风五丈原》，李寿卿《司马昭复夺受禅台》，尚仲贤《受顾命诸葛论功》，于伯渊《白门斩吕布》，花李郎《莽张飞大闹相府院》《相府院曹公勘吉平》，郑德辉《虎牢关三战吕布》，王晔《卧龙岗》，无名氏《诸葛亮博望烧屯》《关云长千里独行》等。

而由这些三国戏的题目可以看出,三国故事在长时间的口耳相传过程中,故事情节逐渐增饰,人物性格日渐突出。在思想内容上也有一个共同点,即拥刘备反曹操贬孙权。刘备被写得宽厚仁德、礼贤下士,辅佐他的诸葛亮、关羽、张飞、赵云等等都是精明高强的人物。曹操、孙权和他们的文臣武将,则总是败在刘备、诸葛亮的手下。这种"尊刘"的道德倾向较之前代进一步强化,成为整个三国戏的思想倾向。

盛行于宋代的"说话",在元代继续流行,特别是讲史更趋风行。许多著名的说书人都以讲史擅长,讲史话本也在不断地印行。而元杂剧作品多选取历史题材,对话本的出现、发展也起到了不容忽视的影响。在民间流传的过程中,零散的、片段式的三国故事逐渐被有意识地串联起来,整理成书面文字。至今发现的最早的三国故事话本,是元朝至治年间(1321~1323)建安虞氏刊刻的《三国志平话》,以及在此前后刊刻的《三分事略》。两书的内容、风格基本相同,《三分事略》简略一些。后代多以《三国志平话》为代表,视其为三国题材演化史上的里程碑。

《三国志平话》全书八万多字,分上、中、下三卷,以司马仲相阴间断狱故事为头回,正文故事起于黄巾农民起义与刘关张桃园结义,终于刘渊兴兵灭晋复汉。它以蜀汉故事为中心线索,来统率三国兴亡史,写的实际是蜀汉兴亡史。分为三个阶段:

第一阶段,从刘关张桃园结义至诸葛亮出山,是刘备集团创业阶段。连带写出董卓、吕布、曹操、袁绍、刘表等诸侯,勾画出汉末群雄割据的概貌。

第二阶段，从诸葛亮出山到刘备托孤，是蜀汉建立基业时期。借荆州，图西川，至刘备登基，蜀汉达到兴盛极点。

第三阶段，从刘禅即位至诸葛亮命丧五丈原，是蜀汉衰亡时期。刘备伐吴失败是由盛转衰的开始。之后诸葛亮南征北伐，但天不假寿，诸葛亮命丧五丈原，蜀汉不久即灭亡。

全书叙述简略，文字粗糙，但它是第一本将众多三国故事串联起来的著作，进行了大量的艺术创造，为《三国演义》的创作提供了简单的雏形，成为《三国演义》的基本蓝图，因而意义重大。

经过漫长的历史积累，三国故事的内容越来越丰富，人物形象越来越饱满。到了元末明初，罗贯中综合民间传说和戏曲、话本，结合陈寿《三国志》和裴松之注的史料，按照"七分事实，三分虚构"的标准，根据他个人对社会人生的体悟，编撰了《三国志通俗演义》，也就是后人所说的、民间演绎版本无数的《三国演义》。它对于中国人，甚至东亚人来说，都具有重大而独特的价值与意义。

三、《三国演义》与《三国志》、裴注

《三国演义》的成书

《三国演义》是古代历史演义小说中成就最高、影响最大的一部作品，具有博大而深厚的思想内涵，被称为是一部"中国封建社会百科全书式的作品"。它雅俗共赏，魅力无穷，在成书后的几百年间，广为流传，几乎达到了家传户诵的程度，而其中蕴含的文化特质深深影响到了整个中华民族的性格心理。

《三国演义》从东汉灵帝中平元年（184）黄巾起义写起，到西晋武帝太康元年（280）全国统一为止，前后共九十七年。全书反映了三国时代的政治军事斗争与各类社会矛盾的渗透与转化，概括了这一时代的历史巨变，塑造了一批叱咤风云的英雄人物，形象地再现了这一时期风云变幻而又动荡不安的历史面貌。

汉末爆发黄巾起义，在镇压起义的过程中涌现出一批割据一方、拥兵自重的豪强，他们彼此为了各自利益又重新混战。汉灵帝死后，少帝刘辩继位，外戚何进当权，宦官杀死何进。袁绍起兵诛杀宦官，又被董卓打败，董卓废刘辩而立献帝刘协。司徒王允巧施连环计，以貂蝉离间董卓、吕布父子，然后联合各路豪强，杀死董卓，而王允又被董卓部将李傕、郭汜所杀。随后，袁绍军与另外十七镇诸侯割据混战，最后，形成了三股强大的势力。北方的曹操"挟天子以令诸侯"，先后歼灭袁绍、袁术等势力，统一了黄河流域，占据了中原地带。刘备最初转徙不定，直至三顾茅庐，得诸葛亮出山辅佐，才制定了正确有效的战略方针，即以"帝室之胄""光复汉室"为旗号，以"联吴抗曹"为基本方针。最后，经过"赤壁之战"，迫使曹操北还，得以占据益州与荆州部分逐步发展壮大。江东孙氏自孙坚开始，就以江东六郡八十一县为根据地站稳了脚跟，直至孙权，实力日益增强。

此后，三国争战层层展开。先是孙权趁关羽和曹兵交战之际，派兵偷袭荆州，关羽败走麦城，死于孙权之手。不久，曹操病死，其子曹丕废汉自立，定国号为"魏"。刘备亦继汉统，建立蜀汉。为报关羽被害之仇，刘备亲征江东，结果孤军深入，为陆逊所败。不久，刘备病死白帝城，托孤于诸葛亮。其后，孙权建立吴国。

刘备死后，诸葛亮辅佐少主刘禅，独撑危局。其间，他坚持联吴抗曹的基本方略，征讨叛乱的南中诸郡，七擒孟获，稳定了后方。又先后六出祁山北伐曹魏，但均以失败告终，他也积劳成疾，病死军中。诸葛亮死后，姜维继其职，先后九伐中原，同样无功而返。后主刘禅昏聩，朝政腐败，蜀汉国力日渐衰弱。

曹魏集团中，魏明帝死后，立曹芳为帝。权臣司马懿排除异己，大权独揽。司马懿死后，其子司马师继续专权独断。曹芳想除掉司马师，反而被其所废。曹髦被立为帝。司马师死后，朝廷大小事皆归于其弟司马昭。

蜀汉后主景耀六年（263），魏军分三路攻蜀，于这年冬灭蜀。蜀亡。

曹髦不甘受司马昭专权，被司马昭授意杀死。另立曹奂为帝，司马昭被封为晋王。司马昭死后，其子司马炎以为汉家报仇为由，效曹丕废帝之事，曹奂捧传国玉玺登坛授炎。魏亡。

东吴政权在孙权去世后，国势日趋衰弱。末帝孙皓更是暴虐无道，民怨沸腾。晋武帝咸宁五年（279）冬，晋军自长江以北、江陵至建业之间分五路攻吴，于太康元年（280）三月攻下建业，末帝孙皓投降，吴亡。至此，三国一统，归于一晋。

《三国演义》问世后，比以前任何一种写三国故事的艺术作品影响都大，流传更广。对后世的戏曲、诗文创作等都产生了很大影响。明清时期的戏曲中出现的大批三国剧目，其内容多本于《三国演义》。这些剧目至今大都还活跃在舞台上，并深受群众的喜爱。在某种程度上，它取得的巨大成功，甚至使三国正史——《三国志》受到了某种程度的忽略。

《三国演义》与《三国志》、裴注

世上没有无源之水、无本之木，《三国演义》也是如此。罗贯中之所以能创作出《三国演义》，主要还是依赖于《三国志》和裴松之注，没有二者提供的历史框架与创作素材，《三国演义》不可能成书。

（1）素材的渊薮

《三国演义》是一部历史演义小说，具有不同于一般文学作品的特点，即尽管也可以通过各种方式进行艺术虚构，可以带上作者强烈的爱憎感情和褒贬倾向，但其基本框架却应该大致符合历史发展的脉络。描写历史上实有的人物时，主要情节也应该大体上与人物的性格一致。这就使罗贯中在创作时不能不"据正史，采小说"，在内容上受到《三国志》和裴注的影响。《三国演义》全书真实而具体地描写了灵帝失政、黄巾起义、天下大乱、董卓弄权、军阀混战、曹操当政、官渡之战、赤壁鏖兵、荆州之争、夷陵之战、平定南中、孔明北伐、邓艾灭蜀、司马代魏、王濬灭吴等汉末至西晋统一期间的重大历史事件，情节发展的基本线索与《三国志》记载的史实大致吻合（有的情节取材于《后汉书》和《晋书》）。《三国志》为《三国演义》提供了最基本的骨架。现存最早的《三国演义》版本是明代嘉靖元年（1522）刊本《三国志通俗演义》（简称"嘉靖元年本"），其卷首题署为："晋平阳侯（相）陈寿史传，后学罗贯中编次。"清楚地表明了罗贯中对陈寿的敬慕和对《三国志》的倚重。

《三国志》、裴注是《三国演义》最主要的史料来源，后者所表现的大部分题材在前二者中都有相当完整和详细的记载。

《三国演义》中，有许多情节已成为经典，如曹操与刘备论天下英雄、张飞长坂坡退敌、关羽刮骨疗毒等，这些在《三国志》中都有记载。如写张飞在当阳长坂坡掩护刘备退却时所表现出来的直率粗犷、勇猛刚烈，本传记载十分精彩："飞据水断桥，瞋目横矛曰：'身是张翼德也，可来共决死！'敌皆无敢近者。"虽然只有寥寥几十字，但其怒目圆睁、横矛挺立、大声断喝等情态活灵活现，一个威震敌胆的莽勇将军形象跃然纸上，成为后世的小说戏曲中"长坂坡，一声吼，吼断了桥梁，水倒流"的"猛张飞"的原型。罗贯中将本传、平话、戏曲等中的记载再加以艺术加工，成为《三国演义》中的"猛张飞大闹长坂桥"：

> 却说文聘引军追赵云至长坂桥，只见张飞倒竖虎须，圆睁环眼，手绰蛇矛，立马桥上，又见桥东树林之后，尘头大起，疑有伏兵，便勒住马，不敢近前。俄而，曹仁、李典、夏侯惇、夏侯渊、乐进、张辽、张郃、许褚等都至。见飞怒目横矛，立马于桥上，又恐是诸葛孔明之计，都不敢近前。扎住阵脚，一字儿摆在桥西，使人飞报曹操。操闻知，急上马，从阵后来。张飞睁圆环眼，隐隐见后军青罗伞盖、旄钺旌旗来到，料得是曹操心疑，亲自来看。飞乃厉声大喝曰："我乃燕人张翼德也！谁敢与我决一死战？"声如巨雷。曹军闻之，尽皆股栗。曹操急令去其伞盖，回顾左右曰："我向曾闻云长言：翼德于百万军中，取上将之首，如探囊取物。今日相逢，不可轻敌。"言

未已，张飞睁目又喝曰："燕人张翼德在此！谁敢来决死战？"曹操见张飞如此气概，颇有退心。飞望见曹操后军阵脚移动，乃挺矛又喝曰："战又不战，退又不退，却是何故！"喊声未绝，曹操身边夏侯杰惊得肝胆碎裂，倒撞于马下。操便回马而走。于是诸军众将一齐望西奔走。正是：黄口孺子，怎闻霹雳之声；病体樵夫，难听虎豹之吼。一时弃枪落盔者，不计其数，人如潮涌，马似山崩，自相践踏。后人有诗赞曰："长坂桥头杀气生，横枪立马眼圆睁。一声好似轰雷震，独退曹家百万兵。"

《三国演义》中还有许多情节取材于裴注。如写曹操出场时，罗贯中用了三个小故事来揭示他的性格特征。

①少年时欺骗父亲和中伤叔父：

操幼时，好游猎，喜歌舞，有权谋，多机变。操有叔父，见操游荡无度，尝怒之，言于曹嵩。嵩责操。操忽心生一计，见叔父来，诈倒于地，作中风之状。叔父惊告嵩，嵩急视之。操故无恙。嵩曰："叔言汝中风，今已愈乎？"操曰："儿自来无此病；因失爱于叔父，故见罔耳。"嵩信其言。后叔父但言操过，嵩并不听。因此，操得恣意放荡。

②许劭品评他是"治世之能臣，乱世之奸雄"，他听了"大喜"：

时人有桥玄者，谓操曰："天下将乱，非命世之才不能济。能安之者，其在君乎？"南阳何颙见操，言："汉室将亡，安天下者，必此人也。"汝南许劭，有知人之名。操往见之，问曰："我何如人？"劭不答。又问，劭曰："子治世之能臣，乱世之奸雄也。"
操闻言大喜。

③曹操第一次做官，当洛阳尉，设五色棒十余条于县之四门，不避豪强，政绩斐然：

> 年二十，举孝廉，为郎，除洛阳北部尉。初到任，即设五色棒十余条于县之四门，有犯禁者，不避豪贵，皆责之。中常侍蹇硕之叔，提刀夜行，操巡夜拿住，就棒责之。由是，内外莫敢犯者，威名颇震。

这三个小故事表明曹操从小就奸诈自私、富有野心，同时也富有胆识和权术，有很高的威权欲望。这些都是曹操身上最具有特征的因素，小说中的性格描写都是在这一基础上展开的。而这三个故事，素材均见于裴注：

> 《曹瞒传》云：太祖少好飞鹰走狗，游荡无度，其叔父数言之于嵩。太祖患之，后逢叔父于路，乃阳败面喝口。叔父怪而问其故，太祖曰："卒中恶风。"叔父以告嵩。嵩惊愕，呼太祖，太祖口貌如故。嵩问曰："叔父言汝中风，已差乎?"太祖曰："初不中风，但失爱于叔父，故见罔耳。"嵩乃疑焉。自后叔父有所告，嵩终不复信，太祖于是益得肆意矣。

> 孙盛《异同杂语》云：太祖……尝问许子将（许劭）："我何如人?"子将不答。固问之，子将曰："子治世之能臣，乱世之奸雄。"太祖大笑。

> 《曹瞒传》曰：太祖初入尉廨，缮治四门。造五色棒，县门左右各十余枚，有犯禁者，不避豪强，皆棒杀之。后数月，灵帝爱幸小黄门蹇硕叔父夜行，即杀之。京师敛迹，莫敢犯者。近习宠臣咸疾之，然不

能伤，于是共称荐之，故迁为顿丘令。

另如曹操借头欺众、曹操割发代首、白门楼斩吕布、孙策之死、刘备马跃檀溪、空城计等等皆是此类。《三国志》与裴注提供的历史框架和丰富素材，为《三国演义》的成书奠定了良好的基础。

（2）对素材的处理

对于《三国志》或裴注中的素材，罗贯中并不是原封不动地抄入作品，而是进行艺术再加工，采取添枝加叶或移花接木等艺术手段，使得人物形象更加突出、鲜明。

添枝加叶。在《三国演义》中，罗贯中经常把素材加以拓展、渲染甚至虚构，如同放大镜一般，几倍、几十倍地扩大开来，使人物形象更加鲜明。关羽、张飞、赵云等是三国时期叱咤风云的人物，他们的事迹在《三国志》中已经有所描述。如写关羽于万军之中斩杀颜良："绍遣大将颜良攻东郡太守刘延于白马，曹公使张辽及羽为先锋击之。羽望见良麾盖，策马刺良于万众之中，斩其首还，绍诸将莫能当者，遂解白马围。"何等威风！在《三国演义》中，罗贯中进一步加以渲染：

> 忽报颜良搦战。操引关公上土山观看。操与关公坐，诸将环立。曹操指山下颜良排的阵势，旗帜鲜明，枪刀森布，严整有威，乃谓关公曰："河北人马，如此雄壮！"关公曰："以吾观之，如土鸡瓦犬耳！"操又指曰："麾盖之下，绣袍金甲，持刀立马者，乃颜良也。"关公举目一望，谓操曰："吾观颜良，如插标卖首耳！"操曰："未可轻视。"关公起身曰："某虽不才，愿去万军中取其首级，来献丞相。"张辽曰："军中无戏言，云长不可忽也。"关公奋然上马，倒提

青龙刀，跑下山来，凤目圆睁，蚕眉直竖，直冲彼阵。河北军如波开浪裂，关公径奔颜良。颜良正在麾盖下，见关公冲来，方欲问时，关公赤兔马快，早已跑到面前；颜良措手不及，被云长手起一刀，刺于马下。忽地下马，割了颜良首级，拴于马项之下，飞身上马，提刀出阵，如入无人之境。河北兵将大惊，不战自乱。曹军乘势攻击，死者不可胜数；马匹器械，抢夺极多。关公纵马上山，众将尽皆称贺。公献首级于操前。操曰："将军真神人也！"

而本传中描绘关羽中毒箭后刮骨疗伤而谈笑自若的神情，更是动人心弦："羽便伸臂令医劈之。时羽适请诸将饮食相对，臂血流离，盈于盘器，而羽割炙引酒，言笑自若。"关羽那惊人的毅力、沉着坚强的大丈夫气概，被生动地刻画出来。罗贯中在此基础上加以铺叙，使之成为经典片段——"关云长刮骨疗毒"：

时关公本是臂疼，恐慢军心，无可消遣，正与马良弈棋；闻有医者至，即召入。礼毕，赐坐。茶罢，佗请臂视之。公袒下衣袍，伸臂令佗看视。佗曰："此乃弩箭所伤，其中有乌头之药，直透入骨；若不早治，此臂无用矣。"公曰："用何物治之？"佗曰："某自有治法，但恐君侯惧耳。"公笑曰："吾视死如归，有何惧哉？"佗曰："当于静处立一标柱，上钉大环，请君侯将臂穿于环中，以绳系之，然后以被蒙其首。吾用尖刀割开皮肉，直至于骨，刮去骨上箭毒，用药敷之，以线缝其口，方可无事。但恐君侯惧耳。"公笑曰："如此，容易！何用柱环？"令设酒席相待。

公饮数杯酒毕，一面仍与马良弈棋，伸臂令佗割之。佗取尖刀在手，令一小校捧一大盆于臂下接血。佗曰："某便下手，君侯勿惊。"公曰："任汝医治，吾岂比世间俗子惧痛者耶！"佗乃下刀，割开皮肉，直至于骨，骨上已青；佗用刀刮骨，悉悉有声。帐上帐下见者，皆掩面失色。公饮酒食肉，谈笑弈棋，全无痛苦之色。须臾，血流盈盆。佗刮尽其毒，敷上药，以线缝之。公大笑而起，谓众将曰："此臂伸舒如故，并无痛矣。先生真神医也！"佗曰："某为医一生，未尝见此。君侯真天神也！"后人有诗曰："治病须分内外科，世间妙艺苦无多。神威罕及惟关将，圣手能医说华佗。"

经过这样的艺术处理，一个英武神勇的关羽形象被成功地塑造出来。

在添枝加叶的基础上，罗贯中还进行艺术虚构，对塑造人物形象起到了重要作用。如流传极广的诸葛亮舌战群儒、借东风、三气周瑜、骂死王朗等情节，于史无证，都是虚构出来的，目的是为了突出诸葛亮的智慧。这种在细节上的增饰，为突出人物性格、增强艺术感染力起到了很大的作用。

移花接木。罗贯中还经常采用移花接木的手法，塑造出一个个经典人物形象，如刘备、关羽、诸葛亮。

《三国演义》中的刘备是一位仁君，他爱民惜才、宽厚仁义，待人公正真诚。《蜀书·先主传》中，有刘备怒鞭督邮的记载，反映了其性格中勇烈的一面。而在《三国演义》中，罗贯中把这一行为移到了张飞身上：

却说张飞饮了数杯闷酒，乘马从馆驿前过，见五六十个老人，皆在门前痛哭。飞问其故，众老人答曰："督邮逼勒县吏，欲害刘公；我等皆来苦告，不得放入，反遭把门人赶打！"张飞大怒，睁圆环眼，咬碎钢牙，滚鞍下马，径入馆驿，把门人那里阻挡得住，直奔后堂，见督邮正坐厅上，将县吏绑倒在地。飞大喝："害民贼！认得我么？"督邮未及开言，早被张飞揪住头发，扯出馆驿，直到县前马桩上缚住；攀下柳条，去督邮两腿上着力鞭打，一连打折柳条十数枝。玄德正纳闷间，听得县前喧闹，问左右，答曰："张将军绑一人在县前痛打。"玄德忙去观之，见绑缚者乃督邮也。玄德惊问其故。飞曰："此等害民贼，不打死等甚！"督邮告曰："玄德公救我性命！"玄德终是仁慈的人，急喝张飞住手。

此处的移花接木起到了一箭双雕的艺术效果，一使刘备的形象更加稳重，表现其仁爱的一面，与其人君地位相一致；二是突出了张飞粗暴、义气、耿直的性格特征。

另如人们津津乐道的关羽"温酒斩华雄"一段：

阶下一人大呼出曰："小将愿往斩华雄头，献于帐下！"众视之，见其人身长九尺，髯长二尺，丹凤眼，卧蚕眉，面如重枣，声如巨钟，立于帐前。绍问何人。公孙瓒曰："此刘玄德之弟关羽也。"绍问现居何职。瓒曰："跟随刘玄德充马弓手。"帐上袁术大喝曰："汝欺吾众诸侯无大将耶？量一弓手，安敢乱言！与我打出！"曹操急止之曰："公路息怒。此人既出大言，必有勇略；试教出马，如其不胜，责之未迟。"袁绍曰："使一弓手出战，必被华雄所笑。"操曰：

"此人仪表不俗，华雄安知他是弓手？"关公曰："如不胜，请斩某头。"操教酾热酒一杯，与关公饮了上马。关公曰："酒且斟下，某去便来。"出帐提刀，飞身上马。众诸侯听得关外鼓声大振，喊声大举，如天摧地塌，岳撼山崩，众皆失惊。正欲探听，鸾铃响处，马到中军，云长提华雄之头，掷于地上。其酒尚温。后人有诗赞之曰："威镇乾坤第一功，辕门画鼓响冬冬。云长停盏施英勇，酒尚温时斩华雄。"曹操大喜。

这段文字写关羽请战、出阵、斩华雄、提头回帐等情景，其出战上马前"酾热酒一杯"，掷华雄头于地时，"其酒尚温"等细节描写，可谓妙笔神至，文不加点而意趣横生。关羽这位虎将的形象更显威武，与后来情节中他杀颜良、降于禁、斩庞德等情节相互照应，成功塑造了这位人物高大的形象。但在史书记载中，斩华雄者并非关羽，而是孙坚。罗贯中为了突出关羽这位"威震华夏""万人之敌"的虎将形象，进行了移花接木的处理。

有关三国人物的相关叙述中，诸葛亮的故事一向为人所重。诸葛亮的故事在长期流传过程中增饰越来越多，而他本人也逐渐成为一个无所不知、无所不能的"神人"。"草船借箭"是《三国演义》中最精彩的故事情节之一。读了这段故事，人们会对诸葛亮的聪明才智赞叹不已。然而，诸葛亮并没有干过这件事。那么，这个故事是不是罗贯中凭空杜撰的呢？那也不是，因为他确有所本。《吴书·吴主传》裴松之注中记载，建安十八年（213）正月，曹操与孙权对垒濡须。初次交战，曹军大败，坚守不出。一天，孙权借水面有薄雾，乘轻舟从濡须口闯入曹军前沿，观察曹军部署。孙权的轻舟向前行进了五六里，并且鼓乐齐鸣，曹操生性多疑，见孙军整肃威武，恐怕有诈，不敢出战，喟然叹曰："生子当如孙仲谋，刘景升儿子若豚犬耳!"随后，曹操下令弓弩齐发，射击吴船。不一会儿，孙权的轻舟因一侧中箭太多，船身倾斜，有翻沉的危险。孙权下令掉转船头，使另一侧再受箭。一会儿，箭均船平，孙军安全返航。曹操这才明白自己上当了。罗贯中巧妙地将这一"借箭"的举动移到诸葛亮身上，并进行了渲染与拓展，成为一段华彩篇章。另如"火烧赤壁"，将本来属于东吴与周瑜的赤壁之功全部归到诸葛亮身上，并进行了丰富的艺术虚构。如此种种，都突出了诸葛亮的神机妙算。通过种种艺术处理，诸葛亮的"智绝"形象最终定型，并深入人心。

（3）价值倾向、行文风格等的一脉相承

《三国志》、裴注与《三国演义》在价值体系、行文风格方面也有一定的一致性。

在价值体系方面，三者整体呈现出一种道德化的情感满足，体现为扶正祛邪、惩恶扬善、明明白白地是是非非、鲜明强烈的道德倾向，这种倾向主要是通过尊刘抑曹表现出来的。"尊刘抑曹"的道德倾向在《三国志》、裴注、《三国演义》中是一脉相承，且逐步加强的。这由刘备、诸葛亮、关羽、曹操等人物形象的塑造可窥一斑。

在三国故事的流传过程中，刘备集团中的核心人物多被作为赞颂、美化的对象。

刘备历来被视为仁厚慈善的有德之君，这在《三国志》中已被突出表现。陈寿认为，刘备取得成功的最大原因，不在于他的韬略才智，而在于"弘毅宽厚"。他爱民惜才，仁厚宽容，因而尽管其才智谋略不如曹操，终能奠定三分基业。裴注大量引录了其仁爱、惜才的资料，使其"仁君"形象进一步突出。但在史传中，也有另外一些记载，如他曾怒鞭督邮、夺取西川等等，显示了其作为枭雄的一面；因私怨而杀张裕一事则显示了他心胸狭隘的一面。到了《三国演义》中，罗贯中精心遴选素材，采取各种艺术手段进行处理，净化了人物形象，集中突出其"仁"的一面。

诸葛亮的"智绝"形象也是逐步成型的。历史上的诸葛亮具有鞠躬尽瘁、死而后已的献身精神和治国安民的卓越才能，在当时就极被敬重，在后世更是备受推许。但客观上讲，他的文治武功在历史上并不是最突出的，陈寿就曾明确指出，"应变将略，非其所长"。但他极受百姓爱戴，关于他的传说也就越来越多，裴注中已经有大量突出其神机妙算的内容，如空城计等。尽管于史无证，但因为具有较强的传奇色彩，贴合民众对诸葛亮的爱戴之情，被广泛流传。在《三国演义》中，罗贯中又进一步赋予他"超人"色彩，经过一番"添枝加叶""移花接木"乃至虚构的艺术处理，最终塑造出一个近乎神人的"智绝"形象。诸葛亮由此成为忠贞、智慧的化身，为中外人民共同景仰。

再如关羽。历史上的关羽性格以勇武为主，如万军中取颜良首级、刮骨疗毒、水淹七军等等。《三国演义》中，其勇武仍是重点描绘的性格侧面，"温酒斩华雄""过五关斩六将""单刀赴会""刮骨疗毒"等情节向来脍炙人口，但更为突出的是其充满人情味的"义"（千里走单骑、义释曹操）和绝伦超群的儒雅气度。这种"义"对后世影响极大，引起了长达几个世纪风靡不衰的"关羽崇拜"现象。

而作为刘备集团的对立面，曹操性格的核心被设定为利己主义处世哲学。在三国历史上，曹操"明略最优"，"揽申、商之法术，该韩、白之奇策，官方授材，各因其器，矫情任算，不念旧恶"。他御军三十余年，手不释卷，登高必赋，长于诗文、草书、围棋，"昼携壮士破坚阵，夜接词人赋华屋"，是文武全才。他生活节俭，不好华服，赏罚分明，"勋劳宜赏，不吝千金；无功望施，分毫不与"。可称得上是中国历史上一流的政治家、军事家、文学家。但其"挟天子以令诸侯"的举动违背了封建正统思想，而其以权术驭下的举动也与"仁爱"思想背道而驰，因而，一直备受非议。在裴注中，已有不少突出其"奸"的记载，如诈中风、借头欺众、割发代首等等。在《三国演义》中，对他的残忍、奸诈又进一步夸大，其"奸绝"形象深入人心。

总体上来看，"尊刘抑曹"的道德倾向在三国文化的形成过程中是逐步加强的。

在行文方面，《三国志》与裴注"奇文写奇人"的特点也在一定程度上影响了《三国演义》。

受司马迁《史记》及魏晋时期品鉴人物风气的影响，又担任过多年负责品题人物的中正官，陈寿对三国人物的局量才识特别有兴趣，在行文中显示了以"奇笔"写"奇人"的特点。如为医学的华佗、吴普、樊阿，音乐的杜夔，相梦的周宣，术筮的管辂等人立传时，就明确指出其学习司马迁"广异闻而表奇事"的创意。从文学角度看，这种品评能突出人物的性格特征，展示人物的内在神韵。而这种"奇笔"写"奇人"的手法对后代三国题材的文艺作品产生了巨大而深远的影响。《三国志》中还有一些有关"奇异"、神怪的细节描写，如《吴书·

诸葛恪传》卷首写了四个小故事，目的是为了写其"才捷"，突出其自幼便奇于常人；卷尾所书其死前水、衣并臭，犬衔其衣，白虹绕车等描写，是写其被杀凶兆，这些已与《三国演义》中之神怪色彩略同。

裴注"嗜奇爱博"的特点也影响了《三国演义》。由于搜奇猎异的癖好，裴注引录了大量野史、杂记中的内容，有许多神怪、奇异性描写，故事性、传奇性较强。罗贯中大量吸取了裴注中的这类内容，增强了小说的可读性与感染力。如《三国演义》"小霸王怒斩于吉"一节，说的是孙策被仇人家客射而伤，创伤未愈，一日于城楼议事，诸将都下楼往拜经过楼下的道人于吉，并称之为"于神仙"。孙策怒令擒捉于吉，听说他能祈风祷雨，就令他登坛求雨，按时而雨果大至，众人见状对于吉再拜称谢，孙策怒，称其"惑众"仍令斩首。于吉虽死，孙策却仍多次见之，被其扰得坐卧不安，精神恍惚，后揽镜自照，又见于吉立于镜中，孙策乃拍镜大叫，致使伤口迸裂，不久便死去了。这段描写荒诞虚妄，显然经不起科学推敲。但并非是罗贯中虚构的，《三国志·孙策传》注引的《江表传》《志林》《搜神记》就零零散散地记载过这些。后来再经罗贯中稍加整理，就成了今天所看到的样子。

其他在君权神授的"天命"观、爱才惜才的人才观等方面，三者也在一定程度上保持了一致性。

四、三国文化

在光辉灿烂的中国传统文化中，"三国文化"尤为夺目。它内涵丰富，影响深远，形成了经久不衰的"三国热"。史学方面，有关"三国"的研究著作层出不穷。文学艺术方面，三国故事渗透进多种艺术形式中，广泛流传，妇孺皆知。诸如诗词歌赋、戏曲、小说、散文等，乃至外国如越南、泰国、朝鲜、日本等国家的诗文和歌辞中，都有大量涉及三国的作品，不少在当下仍焕发着旺盛的生命力。民俗崇拜方面，三国人物的祠、庙，广泛分布在二十多个省、市、自治区内。而在日本、朝鲜、韩国、印度尼西亚、泰国、马来西亚等国家也有许多三国人物的祠庙。

三国文化为何能够经久不衰？其价值何在？著名学者龙显昭曾作过精辟的论述，他说："然而更为重要的，我们认为还在于三国文化所蕴含的人类最切要的知识和智慧……三国人的用智范例给人以种种启示，它为政治活动家提供了在政治舞台上应当如何去扮演好自己想要充当的角色；为军事家提供了如何去行兵布阵，消灭敌人和保存自己；在现代，它还为企业家提供了在激烈的商战中如何去击败自己的竞争对手。这些智谋、智术是人类普遍切用的知识。所以我们认为，三国文化不仅因为切用于当时而富有时代特色，而且还因为它切用于当今，并且具有超时代、超民族的特性，近来世界上出现的'三国热'就是明证。……它正在走向现代化，通向世界。"

三国文化的含义

"三国文化"在内涵和外延上都具有相当的宽泛性。有学者指出，所谓的"三国文化"具有三层含义：第一个层次是历史学的"三国文化"观（或曰狭义的"三国文化"观），认为"三国文化"就是历史上的三国时期的精神文化。历史上的三国，是中国文化史上一个辉煌的时期，英才鳞集，俊士云蒸，充满了变革与创新。第二个层次是历史文化学的"三国文化"观（或曰扩展义的"三国文化"观），认为"三国文化"就是历史上的三国时期的物质文明与精神文明的总和，包括政治、军事、经济、文化等领域。第三个层次是大文化的"三国文化"观（或曰广义的"三国文化"观），认为"三国文化"并不仅仅指、并不等同于"三国时期的文化"，而是指以三国时期的历史文化为源，以三国故事的传播演变为流，以《三国演义》及其诸多衍生现象为重要内容的综合性文化。比之前面两个层次，广义的"三国文化"观具有更大的涵盖性和更广的适应性。

三国文化的宽泛性，还表现在众多的三国遗迹上。据学者初步统计，全国至少有二十个省、市、自治区留存有三国遗迹，总数多达几百处。这些遗迹大体上可以分为四类：第一类，少数由三国时期遗存至今的古迹，如许昌的曹魏故城遗址、南京的石头城遗址和成都的刘备惠陵等。第二类，虽然出自三国历史，或与三国史实大致相符，但或多或少渗入了《三国演义》和民间三国传说的内容。比如大名鼎鼎的成都武侯祠，被公认为是最有影响的三国遗迹，但它并非三国时期的旧物，而是始建于 4 世纪的纪念性祠庙，以后历代又迭经兴革补充，今天看到的武侯祠是清代康熙年间重修的；祠中人物塑像的设置介绍和有关陈列虽然基本上依据三国历史，但人物的造型、服饰、兵器则显然受到《三国演义》和三国戏曲的影响。这类遗迹，在全部三国遗迹中占了很大比重。第三类，虽有一点历史的因子，却因《三国演义》和民间三国传说的影响而与史实大相径庭，甚至面目全非。如四川广元被称为"汉将军关索夫人"的"鲍三娘墓"，经考古鉴定，确系东汉晚期墓葬，但关索和鲍三娘却是民间三国传说虚构的人物，这种张冠李戴的现象就很有代表性。第四类，出自对史实的附会，或者纯系《三国演义》和民间三国传说的产物。例如江苏镇江的甘露寺始建于唐代，却因《三国演义》中"甘露寺相亲"的动人情节而被视为有名的"三国遗迹"；又如历史上的诸葛亮南征时并未进入永昌郡（治所不韦县，即今云南保山市），但当地却长期流传有关诸葛亮南征的故事，早在唐代就建起了武侯祠，一千多年来屡毁屡建，至今犹存。四川、陕西、湖北、云南等省，因《三国演义》和民间三国传说而形成的"三国遗迹"随处可见。所以，人们通常所说的"三国遗迹"，大部分并非严格意义上的"三国时期的遗迹"，而是在漫长的历史过程中逐步形成的"与三国有关的名胜古迹"。尽管它们不能与三国历史画等号，但却寄托了历代人民对三国史事和三国人物的追慕和缅怀，表现了人们的爱憎、理想和愿望；它们的形成演变本身也已成为历史，从一个侧面反映了我们民族心灵变迁的历程，具有丰富的文化内涵和巨大的研究价值。

而三国文化不仅仅是一种历史现象，更是一种传达时代风貌和民族精神的载体。它渗透进整个中华民族的性格和灵魂之中，影响了整个中华民族的精神，包括信仰、道德观、价值观、思维方式等等。直到今天，它仍然富有活力。对它的研究也日益深入，出现了不少专门的研究机构，如襄樊市诸葛亮研究会、襄樊学院三国历史文化研究所、四川大学三国文化研究中心等等皆是。今天的电视连续剧《三国演义》、广播连续剧《三国演义》、三国文化之旅、三国故事新编等等，又对三国文化进行了进一步的丰富和补充。作为华夏文化的有机组成部分，三国文化将伴随我们走向未来，再创辉煌！

三国文化的影响

　　三国文化对整个中华民族的社会生活和民众心理都产生了深刻的影响。在几百年的历史中，在文化水平普遍落后的情况下，众多的三国戏、三国曲艺，不仅是广大民众消闲娱乐的重要方式，也是他们认识生活、了解历史的重要途径。它对塑造中华民族的性格、灵魂、智慧等方面都起到了潜移默化的作用。影响所及还达于海外，尤其在东亚儒文化圈内产生了较大的影响。

　　（1）对民族精神的影响

　　三国文化中体现出的种种优秀精神，如百折不挠的进取精神、"鞠躬尽瘁，死而后已"的献身精神、坚贞不屈的高尚气节等，对塑造中华民族的性格、灵魂起到了不小的熏陶作用。

　　自强不息、百折不挠的进取精神。自强不息是一种敢于面对艰难险阻、敢于知难而进的斗争精神。只有不畏艰难险阻、勇于承受磨难的人，才能成为真正的英雄志士。三国纷争，既是智力的角逐，也是意志和毅力的较量。曹操、刘备、孙权等人，都具有自强不息、百折不挠的进取精神。他们之所以能够成就功业，与他们的坚强意志和非凡毅力是分不开的。这在刘备身上体现得最为明显。

　　刘备虽然号称"帝胄"，但家世早已败落，早年以贩履织席为业，家境贫寒，不像曹操那样家资巨富，也不像孙权那样有父兄丰厚的基业可以继承，他打天下完全是白手起家，加上当时等级观念浓厚，没有多少人愿意跟随这个出身低微的枭雄。因而，在很长一段时间里，刘备一直势单力薄，处境艰难，他转战幽州、豫州、徐州、冀州等地（今河北、河南、山东、江苏、安徽一带），却始终难寻立足之地，多次被军阀豪强们打得惨败，不是损兵折将，就是丢妻弃子，最后被挤到南方的荆州。但刘备总是败而不馁，屡败屡战，百折不挠，最终带领关羽、张飞、诸葛亮、赵云等一班坚定不移的追随者转战荆州、益州，成就了蜀汉大业。他的奋斗史是名副其实的历经千难万险的万里长征，其坚强的意志和毅力成为民族精神的象征。

"鞠躬尽瘁，死而后已"的不屈精神。在中国的传统儒家文化中，并不以成败论英雄，能否成功并不重要，重要的是坚持不懈，不可半途而废。要成就一番事业，过程往往是艰辛的，任重而道远，必须要磨炼出坚持到底、永不放弃的韧性精神。在三国人物中，诸葛亮最能体现这种精神。

三国争雄，刘备集团实力最弱。诸葛亮出山时，刘备集团几乎一无所有。年轻的诸葛亮"受任于败军之际，奉命于危难之间"，辅佐刘备，联吴抗曹，抢占荆州，攻略两川之地，形成鼎足三分之势，又积极创造条件，为实现蜀汉集团"复兴汉室"的宏伟目标而努力奋斗，充分表现了其卓越的才智和不朽的功勋。然而，随着关羽的大意失荆州和刘备的兵败夷陵等一系列悲剧的发生，蜀汉国力衰微，人才寥落，完成统一大业的可能性变得微乎其微，诸葛亮内心深处对此十分清楚，他在《出师表》中说："先帝创业未半而中道崩殂，今天下三分，益州疲敝，此诚危急存亡之秋也。"尽管如此，诸葛亮仍然率领三军，六出祁山，北伐中原，并表示为恢复大业"鞠躬尽瘁，死而后已"，至于成功与否，则"非臣之明所能逆睹也"。知难而进，不看结果，只重过程，继承了传统文化的精髓。因而，尽管诸葛亮多次北伐均以失败而告终，但其百折不回、勇往直前的不屈精神却永存人间，激励着后人。

坚贞不屈、视死如归的高尚气节。重气节历来是中国古代文人士大夫的一种人生态度，自先秦以来，中国文化中就形成了一种"士可杀，不可辱"的价值观，极端鄙视奴颜婢膝、苟且偷生的卑怯行为，人们心目中的英雄是那些生死不惧、坚贞不屈的硬汉。在三国故事中，就有这样一大批可歌可泣的人物形象，集中体现了我们民族视死如归的不屈灵魂。代表人物是关羽和庞德。

历史上的关羽虽属硬汉，但在气节上并不突出。他早年曾经做过曹操的俘虏，并无誓死守节的壮举。而在《三国演义》中，却在关羽的气节上大做文章，极大地突出了关羽的节操。他兵败麦城后，身陷绝境。孙权派诸葛瑾劝降，给他提供了生死抉择的余地，但关羽毅然选择了死亡："吾乃解良一武夫，蒙吾主以手足待之，安肯背义投贼乎？城虽破，但有死而已！为子死孝，为臣死忠。死归冥路，吾何惧哉！玉可碎而不可改其白，竹可焚而不可改其节。大丈夫身可殒，名可垂于竹帛也！"这段临终誓词慷慨激昂，虽然包含了封建道德说教成分，但仍然可以视作对誓死不屈的精神灵魂的礼赞。

在庞德身上，这种气节表现得更为突出。在三国众多名将中，庞德并不以战功著名，而是以勇气和精神闻世。汉献帝建安二十四年（219），他率陇西兵屯扎樊城，协助曹仁力挫关羽。两军对垒期间，庞德常骑白马驰骋奔杀，曾一箭射中关羽面额，威风八面，蜀军士兵都十分惊怕，称他为"白马将军"。时值暴雨季节，汉水泛滥，樊城一带平地积水五六丈，曹军被迫与蜀军水战。他率诸将与关羽殊死搏斗，箭矢射尽，又短兵相接。但他格斗益怒，胆气愈壮。洪水渐盛，蜀军的围攻更加猛烈，他于是对天起誓说："吾闻良将不怯死以苟免，烈士不毁节以求生，今日，我死日也！"这时，他手下的将士大多已经投降，而他独乘小舟往来冲荡，因浪高舟翻，弓箭漂失，被蜀军擒获。关羽敬重他的刚毅威武，以封将劝降，但他却怒目不跪，并高声斥骂："竖子，何谓降也！魏王带甲百万，威震天下。汝刘备庸才耳，岂能敌耶？我宁为国家鬼，不为贼将也。"于是被关羽所杀。其气节豪迈，遂称一代名将。

对"义"的推崇。"三国文化"还比较突出"义"。"义"的内涵比较复杂，包括忠义、仁义、恩义、信义、侠义等多个方面，其代表人物是关羽。《三国志》中说关羽"有国士之风"，讲义气。在戏曲和小说里，关羽的"义"更进一步得到强化，罗贯中不仅不遗余力地描写他的种种义举，而且盛赞他"义重如山"。毛宗岗父子在《三国演义》第五十回评中更是激情满怀地评说："如关公者，忠可干霄，义亦贯日，真千古一人。"

关羽的"义"，内容比较复杂，主要体现在雅俗两个层面。一方面，他具有侠肝义胆，怒杀倚势欺人的豪霸而不得不亡命江湖显示了他扶弱锄强、敢作敢为的侠义心肠；华容道上私放曹操表现了他知恩图报、急人之难的国士风范。这种侠肝义胆在弱小的平民阶层中颇有市场，是一种重信誉、重感情的俗文化的"义"，体现出"言必信，行必果""士为知己者用，士为知己者死"的游侠人格。在关羽身上，还体现出儒家之"义"。儒家追求的"义"是忠于国家、信于君王，维护社会统治的所谓"大义"，是一种重整体、重理性的雅文化的义。关羽所立的"上报国家，下安黎庶"的宏伟目标，遵循的就是这样一种"大义"。虽受曹操恩遇，得知刘备下落后即千里追寻，誓同生死，又体现了儒家忠贞不贰的道德准则和人格追求，连曹操也为之动容,由衷钦佩。

三国文化中的"义",对后世的影响是巨大的。中华民族讲信义、重情义等优秀品格的形成,在一定程度上也受此熏染。而关羽的地位更是被一再提高,最终被抬到神的高度。北宋末年,关羽被封为"义勇武安王"。到了南宋,关羽更成为拯救民生劫难之神。明清两代对关羽的推崇达到极点,明政府封关羽为"武庙"的主神,与"文庙"的孔子相对应。清顺治时封为"忠义神武关圣大帝",以后又屡加晋封。同时关羽显灵保卫明、清王朝的神话也不断出现,而且见于诏书之中。而在民间,关羽的传说更是层出不穷,其"庙祀遍天下",形成风行海内外的"关羽崇拜"现象。

(2) 对民族智慧的影响

三国故事尤其是《三国演义》将汉末三国时期异常复杂的政治斗争艺术地加以再现,揭示出社会政治斗争的规律,可以说是中国传统政治智慧的结晶。其中大至政治战略,小至权谋法术,都为后代提供了宝贵的可资借鉴的经验,在哺育中国人的智慧方面起到了不小的作用。

后人经常从《三国演义》中学习军事、政治斗争的谋略、方法。它是后代农民起义的法宝。近代的黄人《小说小话》里曾有这样一段记载:"张献忠、李自成及近世张格尔、洪秀全等初起,众皆乌合,羌无纪律,其后攻城略地,伏险设防,渐有机智。……闻其皆以《三国演义》中战案为玉帐唯一之秘本。"这些传说虽未必完全可靠,但《三国演义》在民间广泛流传,对农民革命的战略战术起过一定作用,则是可以断言的。

清代统治者也极为推崇《三国演义》,在没有入关之前,

147

即翻译《三国演义》为兵书。努尔哈赤小时候就很喜欢读《三国演义》，其子皇太极也特别喜爱《三国演义》，继位不久，便命学士达海将《三国演义》译成满文，作为八旗将领必读的军事宝典。努尔哈赤、皇太极等满族领袖，还从《三国演义》中学习政治方略和军事谋略，并取得了极大成效。例如考虑到满族人口太少，他们就特别重视加强与蒙古各部的关系，发挥其辅助作用。于是仿效"桃园结义"，与蒙古诸汗约为兄弟，自认为是刘备，而以蒙古为关羽，并通过不断抬高关羽来表示尊崇蒙古之意。这一手果然有效，在清朝统治的二百多年中，蒙古各部"备北藩而为不亲不叛之臣者，端在于此。其意亦如关羽之于刘备，服事唯谨也"。又如，为了招降明朝将领，他们大加怀柔，竭力攻心，制定了对明朝降将的优待条件，不仅论功行赏，而且明确规定："凡一品官以诸贝勒女妻之，二品官以国中大臣女妻之"，还要"每五日一大宴"，就像曹操笼络关羽一样。明朝总兵祖大寿驻守大凌河时，因粮尽援绝而降。不久又逃回锦州，直到锦州即将陷落时才再次投降。皇太极并不追究，仍命他为总兵。这显然受到"七擒孟获"的启发。再如，为瓦解敌方，他们运用了各种手段。明朝辽东巡抚袁崇焕才干出众，多次打退清兵的进攻，努尔哈赤、皇太极均无可奈何。明崇祯二年（1629）年底，皇太极率兵绕道入关，进逼北京，袁崇焕星夜回援。皇太极见他太难对付，便使用反间计，密令两个部将故意在两个被俘的明太监附近耳语，说袁崇焕与皇太极有勾结，然后又故意让其中一个姓杨的太监逃走。杨太监将偷听来的假情报上告崇祯皇帝，崇祯皇帝竟然信以为真，将袁崇焕处死。这完全是《三国演义》中"蒋干盗书"故事的翻版，皇太极却又一次成功了。

（3）在域外的影响

三国文化是华夏文化的重要组成部分，对中华民族性格、精神等的塑造起到了潜移默化的影响。而其影响所及，还达于海外，在东亚为主的儒家文化圈内具有广泛而深刻的影响力。

《三国志》在面世后不久便传至朝鲜、日本等国家，并对这些国家的文化产生了一定的影响。小说《三国演义》的影响更为广泛，在面世之后的几百年间，先后被译成数十种文字，在多个国家广泛流传，尤其受到亚洲各国人民的喜爱。

早在清朝康熙二十八年（1689），日本人湖南文山就把《三国演义》翻译成了日文。很多日本人对三国时期的人物和故事都很熟悉，有关"三国"的典故和名言经常被引用，诸如"桃园结义"时的誓言"不求同年同月同日生，只愿同年同月同日死""髀肉之叹""三顾茅庐""死诸葛能走生仲达"等等已经成为人们的口头语言。

在韩国，《三国演义》是读者最多、影响最大的一部中国小说。韩国有句话，叫"不要和没读过'三国'的人说话"，其影响之大由此可见一斑。在韩国的不少地方都建有关帝庙。韩国近年来出版的《三国演义》韩文译本、评本、改写本达数十种，其中以李文烈的评译本最为流行，迄今销量已达数十万套（每套十册）。

在泰国，初中课本长期选用《草船借箭》等精彩片段，并衍生出《资本家版三国》《医生版三国》《凡夫版三国》，甚至《卖国版三国》等诸多版本；在新加坡、越南、马来西亚和印度尼西亚等国，《三国演义》流传也很广。

《三国志》与《三国演义》的广泛传播，使得"三国文化"在这些国家风靡一时，对当地的文化乃至军事、经济等等都产生了一定影响。日本、朝鲜文学中就有大量模仿或取材于《三国志》或《三国演义》的作品。当下的"三国热"仍在持续升温，以日本为例，全国有"三国迷"俱乐部一百多个。不少报刊辟有经常性的专栏，刊登人们的学习心得。有关改编自"三国"的作品热销，如著名历史小说家北方谦三按照《三国演义》改编的全套十三册的《三国志》，自2001年6月面世以来已再版三十三次。横山光辉的《三国志》连环画，销量突破三千万册；狩野直祯的《诸葛亮评传》重印达十五次；《愿望》月刊的《三国志——商业学的宝库》专集等，创下了一月半印售四十万套的纪录。专项的"三国志之旅"寻根旅游，也备受日本人青睐，能参加者视为人生中一大幸事。而且日本人不但读《三国演义》，还进行深入研究，使其成为处世良方、成功之路，并进入组织学、管理法、领导术、战略论等领域，成为一门专门的"三国学"。《孔明的人生哲学》《刘备的战略》《三国志与人学》《三国志统帅学》之类的书纷沓而出，使"三国文化"进入了更广阔的社会人文领域，成为一种具有日本民族特色的大文化现象。

《三国演义》还被日本、韩国等国的企业家奉为宝典，他们十分关注其中所蕴含的领导与管理艺术，将其中的方略运用于企业管理。韩国现代炼油公司曾出台了一份长达九十四页的《伦理经营指南》，其中将诸葛亮、关羽和曹操推为实践伦理经营的优秀人物，并将其向员工推广，将伦理经营落实为企业文化。有日本企业家曾指出："人们之所以对《三国演义》推崇备至，视为珍品，就是认为书中有宝。在当今激烈的商业角逐中，读读《三国演义》，大有裨益。"一位大学教授说："日本松下电器公司的显赫成功。正是松下幸之助善于运用诸葛亮的战略眼光的结果。"认为《三国演义》直接影响了日本企业家的思维模式。

凡此种种，都说明三国文化在东亚国家影响的广泛而深入。如今，随着多种媒体的介入，它已由从前那种单纯的出版热向包括电视、电台、戏剧、电脑游戏等等在内的多个领域辐射扩散，如日本人对三国题材改编成漫画或动画不下数十次。此外，各种形式的三国游戏在韩国也大受欢迎。这种"三国热"今后势必还将继续扩大和深入下去。"三国文化"不仅是华夏文化的一分子，也是东亚文化乃至整个世界文化的重要组成部分。

附　录

年　谱

233 年（蜀汉建兴十一年）　　出生于巴西郡安汉县（今四川南充市），一名长寿。

235~249 年（建兴十三年至延熙十二年）　　在家乡度过童年与青少年时期，读书于万卷楼，史学志趣开始萌芽。

250~253 年（延熙十三年至延熙十六年）　　求学于成都蜀汉太学，师从谯周，治《尚书》《三传》，精研《史记》《汉书》，学业精进，史学志趣树立。与文立、李虔、罗宪等人同窗，被比作孔子门下的子游。

254~256 年（延熙十七年至延熙十九年）　　应命为卫将军姜维主簿。

257 年（延熙二十年）　　任东观秘书郎。

258 年（景耀元年）　　为散骑、黄门侍郎。宦官黄皓专政，陈寿不为所屈，屡遭贬黜。景耀初，遭父丧。丁忧期间使婢女调制丸药，遭乡人贬议。丁忧期满后，也因此没有复职。隐居故里于万卷楼治学。

263 年（景耀六年）　　治学于万卷楼。曹魏攻蜀，后主刘禅投降，蜀亡。

265 年（魏咸熙二年）　　司马炎代魏立晋。

268 年（晋泰始四年）　　武陵太守罗宪（陈寿在蜀汉太学时的同窗）向武帝推荐陈寿，张华也为之鸣冤。陈寿被召入京，举孝廉，担任佐著作郎职，后出补阳平令。

269 年（泰始五年）　　为佐著作郎，兼领巴西郡中正。

270~272 年（泰始六年至泰始八年）　　或为佐著作郎，或为平阳侯相。

273 年（泰始九年）　　应在平阳侯相任上。作成《益都耆旧传》十篇。

274 年（泰始十年）　　上《诸葛亮集》二十四篇。后入京都洛阳为著作郎，兼领巴西郡中正。

275～277 年（咸宁元年至咸宁三年）　　为著作郎，兼领巴西郡中正。

278 年（咸宁四年）　　经杜预推荐，武帝诏为治书侍御史。领巴西郡中正。

279 年（咸宁五年）　　为治书侍御史。上《官司论》七篇。

280～289 年（太康元年至太康十年）　　任著作郎兼中书侍郎。领巴西郡中正。280 年，三国鼎立局面结束。陈寿着手准备撰写《三国志》。289 年前完成《三国志》六十六卷。还写成《古国志》五十篇。太康初年，曾编辑《魏名臣奏事》四十卷、《目》一卷，《汉名臣奏事》三十卷。母亲病逝，陈寿遵遗嘱将其葬于洛阳，再次陷入"清议"风波，被贬废，居于洛阳。

290～296 年（太熙元年至元康六年）　　因未归葬亡母被贬废，闲居洛阳。

297 年（元康七年）　　何攀为之辩诬，除为太子中庶子，未拜。病卒于洛阳。此年以前尚撰有《释讳》、《广国论》、《晋驳事》（四卷）、《晋弹事》（九卷）、《益部耆旧传杂记》（二卷）。

主要著作

1.《三国志》六十五卷。本为六十六卷，原还有《叙录》一卷，仿《史记·太史公自序》和《汉书·叙传》体例，叙述其家世生平以及写作宗旨，后亡佚。

2.《益部耆旧传》十卷。

3.《益部耆旧传杂记》二卷。

4.《诸葛亮集》二十四篇。

5.《官司论》七篇。

6.《释讳》，篇卷未详。

7.《广国论》，篇卷未详。

8.《汉名臣奏事》三十卷。

9.《魏名臣奏事》四十卷、《目》一卷。

10.《古国志》五十篇。